バルト神学の真髄

喜田川 信

教文館

まえがき

　私がバルトの名前を知って関心を持ったのは、慶応大学から同志社大学に転学した敗戦の翌年であったが、その頃はまだバルトを全く読んでいなかった。バルトを読んだのは、アメリカに留学し、ナザレン教団のパサデナ大学で学んだ後、フラー神学校で学ぶようになったときである。フラー神学校大学院に神学演習があり、第二学期前半の二ヶ月半の間、バルトの『教会教義学』第一巻の英訳を全部読まされた。毎週月曜日から木曜日までの四日間は厳しい演習が続いた。毎回三十頁ばかり読んでは質問し、また質問された。しかし働きつつの留学であった私は、必死に読むだけであって、内容を理解したとはとうてい言いがたい。教授のカール・F・H・ヘンリーの教え方も決して立派なものではなかった。

　日本に帰り、私は『教会教義学』にドイツ語の原書で取り組みはじめた。慶応大学予科時代からの友人であった佐藤敏夫兄と一緒に読んだ。日本語の訳が出るようになってからは主として日本語で読むようになったが、原書はいつも広げていた。日本ナザレン神学校でも演習としてバルトの『教会教義学』の訳書を用いて教えたので、かなり教義学を精読した。一九五〇年代の前半に牧会と神学教育に関わるようになってからの二十年ばかりの間は、とにかく夢中で読んだ。もちろん私はそのほかの思想家、神学者の書物も広く勉強したが、バルト神学が私の中心的な関心事であったことはたしかである。

この間の私は神学書を個別的に読んでおり、バルト神学を他の神学書との関連と対比で読む必要性に気付かなかったので、バルトの中心課題と神学的な思索をどのように理解し、どのような観点から論文を書くべきかが分からなかった。また、自分の神学的な視座がなければ論文を書けないとも感じていた。「神学する」とは何かが大きな問いであった。

ずいぶん悩んだ末、私は四十歳台の前半に牧会する教会の了承を得て、思い切って一年二ヶ月の間、ドイツのチューービンゲン大学に留学をした。私に神学の新しい息吹を感じさせたモルトマンが教えていたからである。この留学での学びは、私にとって驚天動地の経験であった。ドイツの組織神学者たちが、きちんと聖書を読み、聖書学的知識の上に立って考えている。教理史、神学史の知識はもちろんのこと、哲学にも精通し、現代の他の諸神学者たちとの対話・対決を徹底して行っているではないか。それを知って、私は打ちのめされた。私はエーベリンクやモルトマンに出会い、講義を聞き、対話して彼らから影響を受けた。

私は聖書学をきちんと学ぶことをしていなかったことを反省した。しかし、なぜバルトが聖書全体を念頭に置きつつまず釈義をしたのか、それが納得できた。省みると、私は聖書学と聖書全体をしっかり学んで来なかった。それは説教の準備にも影響を与えていた。私はドイツ語や英語のすぐれた注解書から学びつつの聖書講解を毎週の説教としたが、聖書学や聖書全体との関連で注解書を読むことができなかった。そのため、ずいぶん無駄な努力をしたと思う。

ドイツから帰国後、神学する意欲を込めて、最初に書いた本が『キェルケゴールと現代の神学』（一九七一年、新教出版社）であった。キェルケゴール、リッチェル、モルトマン、エーベリンク、ブロッホ、そしてバルトを対比しつつ、それぞれの独自性の認識に努めた。留学以来、バルトと共にモルトマンが私の心の内にあった。モルトマンからの影響をはっきりと表現したのが、第三論文集『歴史を導く神――バルトとモルトマン』（一九八六年）であった。しかしその後、次第にモルトマン神学が私にぴったりしなくなり、むしろかれが批判するバルトに再び強く心を惹かれるようになった。第六論文集『新しい共同体と日本』（教文館、二〇〇七年）から、私はモルトマン神学への批判を明らかにするようになった。第七論文集『現代ヨーロッパ神学の根本問題』（教文館、二〇一一年）では、モルトマン神学の問題点を全体的に論じた。それとともに、バルト神学の基本を見定めて、彼の神学の全体を把握しようとする私の意欲が高まった。この論文集の巻頭には「バルト神学の根幹と全体像――素描」という、やや長い論文を置いた。その後ろには「ヘーゲル・ボンヘッファー・バルト」を配して、私のバルトの神学史的な位置づけを明示した。

バルトを読み出して以来、私は『教会教義学』を三回も精読していた。しかしバルトの真の姿を、かれの神学の根底を力強くつかんではいなかった。やっと私なりにバルトを心の底でつかんだのは、この二つの論文の執筆時以来のこと、すなわちここ四、五年のことではなかろうか。恥ずかしいがそうである。この二つの論文は、バルト神学の真の姿、真の力、その偉大なる信仰を日本に伝えたいと深く思い定めて記したものである。しかしそれらはバルトの全体像の提示と、近代神学史におけるバルトの特質の理解に重きを置いたので、今日の状況に差し向かう基本的な視座を与えるものとしては、バルトを叙述してはいない。今回、不十分ながらその課題に応えようとしたのが本書である。もちろん、ここに収めた四論文は、私自身の学びにもなるように記されているので、それぞれの主題を持ち、比較の視点も入れており、広範なバルト神学の内の特定の事柄を扱っているが、バルトを読もうとする者たちへのメッセージを込めつつ記したものである。

本書に収録した四論文はこの四年の間に毎年一編ずつ執筆して少数のコピーを作り、親しい方々に差し上げてきたものである。第一章「バルトは観念的で社会性を持ち得ないか」では、教会に属するわれわれが、混沌としたこの世界の中でどのように意味づけられており、どのように希望を持ってこの世との関わりに生きることができるのかを、バルトの教会論から学びつつ語った。この章の終わりの方で、バルトの考え方と解釈学的な物語論の非凡な展開者であるリクールの考え方とが根本的に相違すると言及したので、そのことを取り上げたのが、第二章「ポール・リクールとカール・バルト――その決定的相違」である。この章だけが少し専門的である。

第三章「カール・バルトの旧約観と福音理解」はドイツ留学以来の課題である聖書使信の全体的な理解についての学びの実践である。バルトは教義学の中で「選び」と「棄却」の叙述のためにサウルとダビデ、「神の人」と偽預言者の関わりのエピソードについての卓抜な釈義的な叙述を行った。それらを含むバルトの旧約理解をここでは紹介する。バルトの選びについての大胆な福音的な理解は、伝道する教会にとって大きな示唆を与えるであろう。

第四章「私たちはどのように生きており、また生きるべきか」は、人間観、男女の関係、生と死、召命と召しという具体的な問題に関するバルトの考え方を紹介する。バルトは倫理的な理想論を語る神学者ではない。かれは人間の洞察者であり、福音による厳しさと自由に基づいて諸問題に対処する現実感覚の保持者である。もっとも、かれはその時代の社会慣習と科学知識の水準で判断している。ことに性差に関する具体的発言については注意が必要である。バルトが今日生きていれば、男女の向かい合いという男女の平等性の根源に立って、別様に考えるであろう。

本書の出版を意図した大きな理由は、日本ではバルトの著作が翻訳出版され、研究されてきたにもかかわらず、その神学が適切に評価されていないと感ずるからである。これは最近に始まったことではないが、日本の有力な神学者諸氏はバルトが余りに超越的、キリスト論的で、現実の歴史や社会の具体的諸問題から身を退けていると批判する。たしかにバルトは特定のキリスト教文明に肩入れすることはない。しかしそれゆえにバルトの神学が市民社会の形成に寄与しないと判断することは早計であろう。このような状況を意識して、私は前書に引き続き、これが適切な理解ではないかと思うバルト神学の重要な諸側面と彼の思考のポイントを本書に記した。日本ではバルトの著作は盛んに読まれてきた。しかしバルト神学の真髄をとらえて読んできた者は少ないように思われる。

なお、これは最近に知って読んだのであるが、豊田忠義著『全キリスト教、最後の宗教改革者　カール・バルト』（キリスト新聞社、二〇一三年）という、日本における従来のバルト理解に対する鋭い批判の本が出版されている。豊田氏は私の旧著『歴史を導く神――バルトとモルトマン』に依拠して、私をモルトマンと同列に置いて批判を記す。『現代ヨーロッパ神学の根本問題』を読んでいただきたかったが、この題名からはバルト神学の再確認とモルトマン批判を基本とする意図は伝わらなかったであろう。今回はバルトを主題にすることを書名に明示したので、本書が豊田氏をはじめとして神学思想に関心のある読者諸氏に読まれることを期待したい。

バルト神学は難解に見えるが、その神学のポイントをつかむことは決して難しくない。かれは神の主権に対する徹底した信頼を要求するが、それに裏付けられる自由な精神に生きるようにわれわれを誘う。その姿勢と主張とは、混迷した現代の世界に対して、また世俗の力に圧倒される現代の教会について、われわれが取るべき姿勢を力強く示唆するであろう。

率直に言って、私は日本主義から抜けられないこの日本の土壌にバルトの批判精神と福音理解とを溶け込ませたい。本書が少しでもそれに役立つならばこれに勝る喜びはない。

目次

第三章　カール・バルトの旧約観と福音理解　77

目　次

装丁　熊谷博人

本書が使用するカール・バルト『教会教義学』訳書（新教出版社）の書名と略記

・神論Ⅱ／1………『教会教義学 神論Ⅱ／1 神の恵みの選び〈上〉』吉永正義訳、一九八二年
・神論Ⅱ／2………『教会教義学 神論Ⅱ／2 神の恵みの選び〈下〉』吉永正義訳、一九八二年
・和解論Ⅰ／2……『教会教義学 和解論Ⅰ／2 僕としての主イエス・キリスト〈上〉』井上良雄訳、一九六〇年
・和解論Ⅲ／4……『教会教義学 和解論Ⅲ／4 真の証人イエス・キリスト〈下〉』井上良雄訳、一九八六年
・創造論Ⅳ／1……『教会教義学 創造論Ⅳ／1 創造者なる神の誡め〈i〉』吉永正義訳、一九八〇年
・創造論Ⅳ／2……『教会教義学 創造論Ⅳ／2 創造者なる神の誡め〈ii〉』吉永正義訳、一九八〇年
・創造論Ⅳ／3……『教会教義学 創造論Ⅳ／3 創造者なる神の誡め〈iii〉』吉永正義訳、一九八一年
・創造論Ⅳ／4……『教会教義学 創造論Ⅳ／4 創造者なる神の誡め〈iv〉』吉永正義訳、一九八一年

第一章　バルトは観念的で社会性を持ち得ないか

一　神学思想の歩み——アウグスチヌスからバルトまで

1　キリスト教世界とギリシア世界

西欧文化には二つの根幹があると言われています。一つはギリシア思想（哲学、倫理、科学、文学、美術、歴史など）であり、もう一つはヘブライ思想（旧新約の世界）です。そしてこの二つは極めて互いに異なったものでありながら、この二つが結合し、融合して西欧文化史を形づくっています。そしてそれらはローマ帝国後期と、続く中世においてカトリック神学において二つの傾向を生みました。その一つは、四世紀末葉から五世紀前葉に司教を務めたアウグスチヌスによって代表されます。

アウグスチヌスは、ヘブライ・キリスト教信仰をギリシアの新プラトン哲学と結びつけました。プラトン哲学、新プラトン哲学は極めて主観的というか、内観的な哲学であり、人間の本質を魂（精神）とし、肉体（身体）を外から人間につけ加えられたもの、つまり人間の本質でなく、人間の魂の持ちものにすぎないと考えたのです。新プラトン哲学の神は人格神ではありませんが、キリスト教の神は人格神です。しかしキリスト教信仰に回心したアウグスチヌスでも、人間の罪は肉（身体）にあり、神から来た魂（精神）を深めていくことによって、その大元である神に帰って行き、そうすることで正しい人間となることができる、と考えました。しかし人間には「原罪」というものがあり、人はどうしても神に向かうことができず、この世、肉に向いてしまう。その原罪を神はキリストの十字架をもって贖《あがな》い、この贖罪によって人は神に向かうことができるようになると考えたのです。それ故、アウグスチヌスの信仰、罪の意識と罪よりの救いを説く神学は主観的自意識的です。その意味では神秘主義的でした。

ギリシアには他方、主観的なプラトン哲学に対し、狭い自意識にしばられず、世界全体から神を探求し、見出していこうとする、もっと客観的なアリストテレスの哲学がありました。この哲学はプラトン哲学と違って、長い間ギリシアからキリスト教世界に伝わらなかったのです。むしろそれはアラブ世界に伝わり、アラブの哲学に大きな影響を与えました。キリスト教世界はアラブとイスラム教に乗っ取られたエルサレムをキリスト教世界に取り戻そうとして、いわゆる十字軍の長いイスラム軍との戦いに入りました。それは結局負けた形になったのですが、妙なことに、そのおとし玉として、アリストテレスの哲学がアラブ世界からキリスト教的西欧世界に伝えられたのです。

それは西欧カトリック神学に甚大な影響を与えました。アウグスチヌスと共にカトリック神学を支配したのは、十三世紀の神学者、聖トマス・アクィナスでした。かれは教父たちが築いたカトリック信仰――と言ってもそれは当時のキリスト教信仰のことですが――とアリストテレス哲学を結びつけました。それ以来、トマス・アクィナスの神学がカトリックの中心的な神学となりました。その神学はアウグスチヌスとは対照的でした。万物は世界の最も低い存在から、無機物↓有機物↓植物↓動物↓より高等な動物↓人間というふうに上昇し、最後に人間から神に至るその道を究めることができる。万物は神に創られたが、神の精神というか理念というか、神の恩恵が万物を下から上へ動かして、神自身に引きつけようとしている。そのことを証明できると、かれは説いたのです。つまり万物を観察することを通して神の存在を証明できる神学です。それは後にバルトが説く「和解」の神学とは全く違う、世界の、宇宙の神学というべきでしょう。

2　ルターからバルトへ

このカトリック神学をルターは批判しました。神は宇宙の壮大さや緻密な連関から分かるのでない。ただ神の弱さと無力、つまり十字架につけられたイエス・キリストにおいて分かる。神は人や宇宙や歴史を超越しておられ、一切の人間的条件を不必要とする。しかし神はこの罪人を救うために、裁くだけでなく、歴史の中に入り、自ら人となられ、十字架上で死に給うた。神はそこまで徹底的に人と共に、人のためにあろうとされた。そこに神の人間性が示される。神はご自分のこの唯一の御業においてのみ、知られる。ルターはそのように説き、これを栄光の神学（中世）に対し、十字架の神学と呼びました。

キリスト教神学はアウグスチヌス→ルター→メランヒトン→現代のプロテスタントへと引き継がれましたが、ルターの深さを正しく受け継ぎつつ、人間の内的意識－罪意識とそれからの救い（＝義認信仰）に中心を置きすぎるプロテスタントの欠陥を批判したのが、ドイツとスイスで活躍したカール・バルト（Karl Barth）でした（一八八六―一九六八年）。かれはプロテスタント・キリスト教における信仰の意識化、個人化、狭隘化を改め、義認でなく「和解」を福音の根源に据えました。義認は和解の結果として理解されます。

ここでバルトの和解観を少し説明しておきましょう。和解は神の人への契約の成就です。それが最も根源的な歴史です。すべての人間の現実存在の第一の、そして最も深い前提です。この点で福音は人間の理性思考とはかけ離れており、バルト神学が一切の哲学、宗教、倫理、文化、自然観とかけはなれている唯一の理由です。和解は他のすべての歴史に対して優位を占めています（和解論I／2、四頁）。いずれにしても問題の中心は常に主なる神の行為と業績であって人間の行為ではありません（同書、七頁）。この点からバルトはヨブ論を展開しています。イエス・キリストは、ヨブが沈黙せざるを得なかったその場所で沈黙し給います。しかしその沈黙はイスラエルのヨブの場合と全く別のことでした。イエス・キリストは人間の罪の帰結を忍び、人間に対する神の判決を承認しました。それだけでなく、それをご自身に受け給いました。キリストの業によってはじめて苦しみと死が本来何であるかが明らかになります。かれにおいて人は神に出会います。イエス・キリストの業は全く神の本性に属し、神的愛の自由を示します。三位一体の神の永遠の決断です（同書、三九頁）。キリストの業、十字架と復活は神の義の成就であり、神は神のあるべきありかたに帰り給うたのです。

イエス・キリストの十字架と復活には神義論は存在しません。神はすべてにおいてご自身の自由によって客体となり給う主体です。それ故、キリストにおける神の業は、決して神義論の問いとしての問題にはなりません。旧、新約における神の業は問いに対する答えそのものです。神（イエス・キリスト）の受難において何事かが起こるのではなく、一切が起こるのです。そこでは一切の人間の協働も介入もありません（同書、一六六―一六七頁）。

このようにバルトでは世界と人類の和解が中心ですから、個人個人が持つ罪意識と救われたいという意識、つまり救いや個人の内面の意識が中心でも根本でもありません。バルトにおいてはあくまで教会が、教会という共同体の中での個人が、問題なのです。バルトは具体的な個々の教会を「教団」（Gemeinde）と呼びます。それと密接に関連することですが、バルトの神学の根底、中心、目標はただ一つ、「イエスは主なり」ということです。旧新約聖書は信仰告白の集積から成ると言ってよいのですが、その中心的信仰告白が「イエスは主なり」なのです。

このようにバルトの神学は、イエス・キリストの十字架と復活に至る徹底的に神の唯一の御業に基礎を置いています。和解に基礎を置くバルトの神学は、先に述べた〈アウグスチヌス↓ルター↓現代プロテスタント〉への反立であるのみでなく、デカルト↓カント↓シュライエルマッハー以来の、人間意識、この世的体験、この世的理解、したがって宗教現象に基礎を置く神学、人間の理性への強烈な反立なのです。人間の理性が理論理性であるか、実践理性であるかは問題ではありません。科学によらず道徳による神への接近と証明も問題になりません。人間の宗教性から出発する神学の基礎をつくったのはシュライエルマッハーですが、かれ以来のプロテスタント神学にバルトは反立します。その強烈なきっかけは第一次世界大戦でした。

カント、シュライエルマッハー以来、哲学も神学、もろもろの宗教、その凡てが同根として比較されてきました。宗教は低いアニミズムから始まって次第により高い宗教現象に進みます。一番上に人格宗教が置かれます。その中でキリスト教が最も高い人格宗教と位置づけられます。このように人々は下から上への道を求めました。そして人間は低い状態からより高い状態と行為に向上することができ、その成功の度合いによって平和が生まれ、より神に近づくことができる。だから、凡ての人がキリスト者になったら世界から戦争はなくなる。西欧人は人間中心的、楽観的社会観、宗教観に最近の数世紀を生きてきました。ところが第一次世界大戦は、キリスト教国同士の最も大規模で、しかも最も残酷な殺し合いをやったのです。これは人間中心の文化に生きたヨーロッパ人にとっては、極めて大きな衝撃でした。そこで信仰や正しい生き方、神学は下から上であってはならない。むしろキリスト教は神中心で、神が上から下の人へ降りて来て、救ってくださる宗教だと自覚し、人間の卑小さ、罪深さを強く訴える考え方が起こってきました。

神学もそうでした。危機神学といわれる運動がその考え方を代表しました。この運動にはブルンナー、ゴーガルテン、ティリッヒ、ブルトマン等、ほとんどの神学者が参加しましたが、従来の神学への批判が中途半端で、徹底したものではありませんでした。かれらは神学を様々な人間的知的可能性、この世に基礎を持つ様々な思想、哲学、社会学、心理学、倫理学等との関連で建設しようとしました。彼らは徹底的に上から、神の業からのみ神学するということを、神の唯一の語りかけにのみ耳を傾けることをしなかったのです。

危機神学者たちの姿勢をはっきりと徹底的に改変したのがカール・バルトでした。バルトは徹底的に神の語りかけに耳を傾け、神の御業からのみ出発し、それに一切の土台を置いたのです。教会は神のみ業を証しします。だからかれの神学は「教会教義学」であり、かれの神学の出発、土台、中心、目標はただ一つ、神の御業にあります。その御業へのアーメン、それが「イエスは主なり」という信仰告白です。バルトの膨大な神学は『教会教義学』にまとめられ、分厚い原書でも十三巻あります。日本語訳は三十六冊を数えます。この浩瀚《こうかん》な『教会教義学』は始めから終わりまでただ「イエスは主なり」という告白をありとあらゆる角度から、またあらゆる問題について語っているだけなのです。このような神学書は他に類を見ません。バルトは「イエスは主なり」という告白によってあらゆる問題、思想、哲学、倫理、宗教に根本から対抗できると考えています。このような偉大な神学者が他にいたでしょうか。

二　教団と信徒、そしてこの世との関わり

1　バルトの教会観

バルトは教会についてどのように考えていたのでしょうか。一般に共同体、団体には、まず人間存在そのものに基づく何かの思想、生き方、イデオロギーがあります。その一つか幾つかを共通に信奉する人々が、その共通性に基づいて方々から集まって形成するのが共同体です。しかしバルトの考える教会というものはそういうものではありません。それは超越的で一切の人間的社会的条件に左右されない自由なる神でありながら、徹底的に人間のためにあろうとする、最後まで人間と共にあろうとする神の業です。当時のファリサイ人や律法学者たち、そしてそれらに影響されて律法によって生きようとしている無知で傲慢な人々とイエス・キリストは交わりたくなかったのですが、結局、かれらと自らを同一視せざるを得なくなって、十字架上に死に給うた。そのような人はイエス・キリストのみであり、一人だけです。神の業はイエスのあり方としてあらわされています（和解論Ⅲ

体です。

／4、一六六頁。以下、「同書」とし、頁数を記す）。教会はこのような神の業に基づく共同体です。

教会（以下、バルトの言葉にしたがって「教団」と記します）は、超越的な神の、この地上における現実的な働きの場として、天上のイエス・キリストの地上における身体《からだ》とされています。というのは、ここでのみ（決して場所や形式をいうのではない）神の業がなされるからです。神の業（イエス・キリスト）が証しされ、その結果その御業をなし給う場所だからです。その業は神の業ですから、教団は人間のいかなる知恵、思想、力によっても、それを知り、証しすることはできません。しかし教団はキリストの地上での身体として神とキリストの業の一つの形というべきでしょう。一切の神の業が「出来事」であるように教団も出来事です。しかし教団は決してキリストの延長でも、第二のキリストでもありません。それ故、教団とその肢体であるキリスト者は、自分の力で人を救うことも、世を変えることもできません。教団は主語、主体ではありませんが、主体たるキリストの一つの述語であると言うべきでしょう。ここで神の御業が、キリストそのものがあらわされ、世に示されるからです。

教団は全くこの世に属しています。その点では他のすべての団体と同じです。しかし教団は神の業の一つのあらわれ、主体たるキリストの一つの述語として、この世とは別のものです。教団は絶えず神から語りかけられています。キリストが根本的な神の人と世への語りかけであり、神の言葉そのものです。したがって神から語りかけられている教団は、決して何らかの所与や状態ではありません。

神は超越的で一切の人間的可能性から自由ですが、裁かれるべき人をあくまでも愛し、この罪人なる人間と最期まで共におられ、人のために生きようとされました。それが神の永遠のはじめからの決断による御業です。それがイエス・キリストであり、その十字架と復活です。この神の御業が教団という形をとって地上でなされます。教団は神に語りかけられ、その語りかけが起こる所なのです。教団自体が出来事なのです。教団でキリストが証しされます。

バルトの理解では、イエス・キリスト御自身が語りかけであり、出来事であるように、教団の存在も、したがって説教も、教会員の信仰も、その信仰的行為もすべて出来事なのです。決してそれらは教団や教会員の所有物、状態ではあり得ません。信仰は決して持つのでなく、待つのです。祈りをもって。また説教の言葉そのものは決して神の言葉でなく、人の言葉にすぎませんが、自分を空しくする祈り求めと神の語りかけへのひたすらなる聴従の態度において、神の言葉になるとバルトは信じています。

このように神が徹底的に罪人となり、罪人のために、罪人と共にいることを決意され、そうされたことによって、私たちは神から離れることはできません（同書、一六頁）。どんなドン底に陥っても神の善き被造者であることを止めることはできません。これこそがキリスト者の「自由」なのです。自由とは、善いことも悪いこともどちらも選べるということではありません。人の自由は、一切の人間的条件に制約されない神の自由に基づいています。私たちは一人ひとりのその都度の自由な決断によって神に従うので、決して神のあやつり人形ではありません。しかもこの自由な行為は、その根底において神の自由な選びに基づいています。このことをより深く知らされていくことが人生を通しての信仰の向上進歩の本質であるとは、何という驚くべき神の力と恵みでしょうか。

2　神の摂理と人間の混乱

たしかにこの神の創造された世には他面カオス、虚無的な面があります。しかし神はそのカオス（虚無）をも支配しておられます。だから私たちはカオス（虚無）に私たち自身を全面的に引き渡すことはできません。人は悪魔的になることはたしかにあっても、悪魔になることはできません。バルトは第二次世界大戦後、ドイツのルーテル教会で悪魔論が盛んになり、ヒットラーは悪魔だという主張が強くなったとき、それをはっきりと否定しました。ヒットラーとナチスがユダヤ人を迫害し、虐殺し、抹殺しようとしたことをバルトは激しく攻撃しました。かれは残忍性に対して激しい怒りと心の激動、激しい批判を持ったでしょう。しかしバルトの批判は、より根本的には、福音（キリスト教）の基本、イエス・キリストの存在と業そのもの、その否定につながることに向けられました。イエスはユダヤ人である、だからユダヤ人の存在否定はキリスト教自身の否定であったからです。

バルトはこの世と歴史に働く力を「神の摂理」と「人間の混乱」の二つと考えます。この二つは互いに関連し合っていてお互いを引き離すことはできません。バルトはその片方から他方を引き出すこともできないと言います。二つは絡み合っているのです。先に述べたように私たちが神の善き被造者であることを止めるということはありません。いや止めることができません。世と人は、神の善き創造と虚無（カオス）の中間に存在していると言えるでしょう。この世的な表現を用いれば、「神の摂理と人間の混乱」ということになるでしょう。そして人間の混乱が、この世と人における神の力の虚無に対する優位を逆にしてしまうのです。虚無が優位とされることは、神の恵みが裁きに変ずるという結果を往々にしてもたらします。この恐ろしい、この世の下方へ落ち込む面と、それにもかかわらず神の摂理が常に働いていて、この世と人間を上昇させ給う、いわば上方への面との両面を教団はしっかりと見つめなければなりません。ただここで注意すべきことはバルトがこの神の摂理というものを、いわゆるこの世的に、常識的に見ていないことです。「雀一羽も神の許しなしに死なない、万事の背後に神あり」という、いわゆる摂理は、その背後と根底に救済史、神の贖《あがな》いの業を持っていると見ています。これは創造の内的根拠は救済であるというバルトの主張に根を下ろしています。一切は、神の唯一の業、超越の神が裁かれるべき罪人（人類と世）を救い、解放するために自ら人となり、罪人と自己自身を等しくされた御業にかかっているということです。

このバルトの強烈な、ある意味では独善的とさえ聞こえる主張には、多くの人が拒否感を持ち、躓《つまず》くでしょう。仏教に養われた日本人の目には、キリスト教は忌むべき一神教と映るでしょう。新約の第一コリント書一18以下でパウロは「十字架の福音はギリシア人には愚か、ユダヤ人には躓きである。しかし救われる私たち罪人にとっては唯一の神の力である」と言いました。同じ事をバルトは言っているのです。

3　この世にある教団

「神の摂理と人間の混乱」という言葉はこの世のすべてに二面性があることを示唆します。それは違ったニュアンスではあっても、すべての人が抱いている人間観、世界観ではないでしょうか。「結局、教団もその点この世と同じではないか」と思われるでしょう。しかし教団はこの世と同じく、このような世と人の二面性の矛盾を持っていればよいのでしょうか。ここに根本問題があります。教団はただこの矛盾をこの世にはっきり示すだけではなく、それと違う第三の道をこの世に示す使命があります。この世と人々は、たとえ自ら気付かなくても、第三の道を、この矛盾からの解放の道を求めているのです。しかし第三の道こそが神の唯一の御業、神の語りかけ、神の言葉なのです。人間はこの道を自分の力で示すことはできません。人間のいかなる知恵、理性、思想、道徳、宗教もこの道を示すことはできないのです。この事実を福音は断乎として主張します。すでに述べたように、それは教団自体の力で示すことはできません。それは啓示によるのみです。ただ神のみ、神の御業のみ、イエス・キリストのみが教え、語りかけ、示してくださるのです。それをこのキリストの地上の身体として教団は聖霊の力によってキリストを主と信じることを通して世に示し、証しすることができます。これのみが教団の存在の意義です。

　この証しはイエス・キリストの一回限りの主体的人格そのものを示すもので、イエス・キリストについての諸々のこと、愛とか信仰とか義認とか聖化とかその他諸々のことを示し証しすることではありません。またイエス・キリストそのものを証しすることは、神の語りかけそのもの、従って世界それ自体、人間それ自体は何かを示すことです。それは人間的可能性としての諸々のよい生き方、道徳、イデオロギー、哲学思想、宗教的あり方などを世と人に示すことではありません。この世の人々に、もしそのような印象を与えるとすれば、教団の証しは自分たちに色々な教訓や説教を垂れているだけだ、と人々に感じさせるからです。それは教団の重大な間違いです。

　教団はただ神御自身を示し、人間総体を示し、この世そのものを示すべきです。この証しは二千年前の出来事を語るので、後方的には静的ですが、前方的には動的、歴史的です。そこに神の業の終末論的次元があります。聖霊論的意義が認められます。それは一回限りの具体状況において、具体的な契機として、また具体的一回的な人間において具体的一回的な個々の人間によって証しされなければなりません。だから証しとは決して単に教理的な一般的な、知的なものではないのです。単に言葉によるだけでなく、良くも悪くも一人ひとりの全人生を通して証しするのです。だから証しはそれを受ける人の全体、全人格を変えるのです。

　教団はこの世の中に存在しますので、この世の一員としてのあり方は、この世と全く同一です。この世そのものです。キリスト者は教団の中にこの世の問題を見、この世の中に教団内の問題を見るのです。教団はこの世の外に出ようとしてはなりません。これをこの世と別物と考えようとしてはなりません。それは傲慢です。教団はこの世そのものなのですから。この世に全く制約されず自由にこの世と人を超越し給う神が、徹底的に人間と共におり、人間のために居給うことを決意され、実行された故に、そしてイエス・キリストが私たち罪人と己を同一視し、十字架上で罪人のため死に給うたように、教団はしたがって、キリスト者は自分のためでなく、徹底的にこの世のために生きるのです。それは教団の秘義が神の業であり、イエス・キリストだからです。

　その一点で教団はこの世の外にあります。世と別のものです。しかしこの意味で教団が世の外に引き出されればされるほど、教団はこの世の中に導き入れられるのです。教団はこの世そのものなるが故に、この世の他の集団、宗教、様々な思想、道徳などと比較することができます。しかしそれは教団の証しでは決してないのです。ただ教団はこの世が善を求めて悪を離れようとするとき、協同して善を求めて悪を離れるでしょう。この世以上にそうするでしょう。しかし他面、教団はこの世でありつつ、この世と対峙する唯一の存在なのです。この意味で人は教団とこの世の様々のものとを比較することはできません。それは教団がこの世において可視的と同時に不可視的存在でもあるからです。

カント、シュライエルマッハー以来、哲学者、神学者は宗教現象として一切の宗教の公分母を求め、その公分母から一つの宗教としてキリスト教を他と比較しました。ここに根本的な間違いがあったのです。キェルケゴール学者で仏教徒の大谷長氏はその著書で、宗教の対話ということに深い疑惑を述べています。「キリスト者は決してキリスト教の優位性を放棄しないで、対話と言う。真の対話は己の立場を一旦完全に捨ててしまわなければできない」と。第一次世界大戦後ヨーロッパにいわゆる危機神学が生まれ、上からの神の啓示を重視するようになったけれども、それは不徹底でした。この方向を徹底したのがバルトです。だからバルトは知性の放棄の神学として軽蔑されてきました。しかし、「イエスは主なり」からのみ出発し、この「イエスは主なり」という信仰告白こそ、一切のこの世の思想、道徳、宗教、イデオロギーに対抗し、それを乗り越える唯一の点だという普通の人々には考えられない、他の人々に躓きでしかないような主張を断乎として最後まで貫いたのです。日本の哲学者、思想家、そして一般の人々はこれを理解するのが極度に難しいでしょう。ほとんどの人々はキリスト教は良い宗教で、いろいろ立派な生き方、思想、世のありのままの姿をより深く私たちに教えてくれるということは認めるのですが、それは福音そのものの理解とは全く関係がありません。

4　この世の本質とこの世との教団の関わり方

この「世」とは何なのか。それをこの世は知らないのです。すなわちこの世が何に由来しているのか、世として今どこにいるのか、世自身がどこに行くのか、世と世の人は知らないのです。また何が世を分かつのか、何が世を結びつけるのか、世自身のもつ災いと祝福とは何か、世自身の生と死とは何か、それをも知ることはないのです（同書、一五七頁）。それに対し、教団は世をあるがままに真実に認識することを許されている場所です。世を知るということは人間を知るということでもあります。人間の良い面、良い業について尊敬をもって評価すると共に、その過ち、悪、罪、限界をも認識することです（同書、一五七頁）。教団の最も大きな課題は、人間の混乱による悲惨のドン底においても、逆に人間の理性がその働きによって輝いているところでも、神の全能が支配していることを見、また理解することです（同書、一六〇頁）。そして人がいかに神から逃れようとしても逃れられないことを理解し、人がどのように破滅しても、神は破滅しないことも理解することです。キリストが万人のために死に給うた以上、こうした人々を含むすべての人のために神の恵みは有効であり、それはかれらに向けられていることを知ること、このように世と人そのものを包括的全体的に知ることが、この世と人を真にあるがままに知るということです（同書、一六〇頁）。したがってそのように見られない世と人についての知識は、そのすべてが観念論的、実証主義的、科学的、神話的、道徳的または非道徳的意図をもって一面的に描かれた世の画像にすぎません（同書、一六〇頁）。そしてそれらのすべての画像が絶えず変化し、新しいものと代わらざるを得ないのには、理由があります（同書、一六一頁）。

もし教団の証言が、この世の人々に対して、単に教団が自分たちに教団自身に都合の良いことをあれこれ宣伝しようとしているのだという印象を与えているにすぎないなら、それは教団の誤りと言わざるを得ません（同書、一六三頁）。それは結局教団がこの世と同じ地盤に立っているにすぎないからです。教団は世と人に対し、世そのもの人そのもの、そして、世の人も認めざるを得ない世の二面性からの脱却の第三の道をこの世と人に証し示すのです。教団にとっての根本問題は、それが正しいか正しくないかを決める原則を教え示すといったことではなく、むしろ何らかのそうした原則に支配されたり、支配されなかったりしている人間の姿を示すことです（同書、一六五頁）。イエス・キリストはこのような人々と交わりたくなかったのですが、ついに彼らを自分自身と同一視せざるを得なかった。それが十字架ですが、そのような人はイエス・キリストだけで、キリスト一人だけなのです（同書、一六六頁）。それ故イエス・キリストを主とし、かれに従うキリスト者は、自分自身をこの世のすべての人と同じものであると見なさなければなりません（同書、一六六頁）。つまりかれらと共に地獄に行く人間にすぎないのだと（同書、一六六頁）。そしてこの世と一体になることによってこの世と共に悪と戦い、善を求めることができるのです（同書、一六七頁）。

けれどもこれまで言ってきたように、そのような協同、連帯は教団のなすべき根本的証しとは全く違うのです。これを徹底的に見つめたのが、バルトのたぐいまれな偉さです。善きサマリヤ人のたとえはバルトの基本的考えを適確にあらわしています。善きサマリヤ人は決して私たちキリスト者（教団）ではありません。かれはキリストのみです。私たちキリスト者は、この世の人と共に強盗にやられ、半死の無力のドン底の、救いを求める男なのです。これはすべての人に当てはまります。すべての人は無力で滅び去るべき者として、イエス・キリストの救いを必要としています。キリストはこのすべての人のために死に給うたのです。私たちキリスト者は助けられたことを知っています。私たちは、そして教団は、祭司やサドカイ人のように、半死の人の傍らを通り過ぎることができるでしょうか。

教団は徹底的にこの世の人と共に、この世の人のために存在しています（同書、一七二頁）。教団は能動的奉仕を求められていますが、教団は時には戦術的に自分自身のもとに後退してしまうことはあるでしょう。しかし戦略的にはそのようにすることはありえません（同書、一七五頁）。そうする自由はないのです。しかし教団は、自分の奉仕行動が正しかったのか間違ったのか、成功したのか失敗だったのかを決定する必要はありません。教団の審判者はただ神であり、教団や教団員ではないのです。この点でもバルトは極めて厳しい半面、慰めと福音的ユーモアに満ちています。人は神に語りかけられるので、証しは言葉が先で行動はそれに伴う、とバルトは言っています。一見内向きと見える教団の行動規範も、すべては外に向けられています（同書、一七五―一七六頁）。

５　神の国の比喩としての教団の証し

教団が証しすることを神に許されています。しかし、決して教団自身の力と自発性による自主的な行為ではありません。むしろ教団の神の業（神の言葉）への従順の行為なのです（同書、一九二頁）。キリストにおける神の語りかけに耳と心を開き、その語りかけに「アーメン」と言い、証しする。それは神の御心に従う行為なのです（同書、一九二頁）。教団は先に述べたようにイエス・キリストそのものではなく、イエス・キリストの述語以上のものではありません。従って教団は神人的現実そのものであるイエス・キリストの事後的・暫定的な表示として神の国の比喩です。そしてイエス・キリスト御自身が神の国そのものです（同書、一九六頁）。比喩は状態ではなく、出来事なのです。イエス・キリストは神の然り（人と世への）それ自体です（神の否ではなく）。決していろいろな神の然りの代表とか徴とか象徴とかではありません。この然りを通して神から教団への委託がなされます。それが教団の証しですが、この証しにおける委託は色々な人間的業績や人間の力で作り出すものといったものではなく、それは人間それ自身なのです（同書、二〇九頁）。しかも神に目を注ぐことによってだけでの人間が重要なのです（同書、二一〇頁）。だからバルトの理解では、人はこの委託をただ神からの「語りかけ」という性格でしか理解できないのです（同書、二一三頁）。つまり教団と教団人の一切は「語りかけ」の上に立っており、従って出来事なのです。神学がこの「語りかけ」という性格を失ったなら、それは正しい神学ではないとバルトの厳しい基準です（同書、二一四頁）。それ故、生物学的・社会学的・心理学的・倫理学的な思想から行う人間の定義が私たち以上の目標に導くことはありえません（同書、二一五頁）。一切は、人間によって作られた人間的ヴェールを貫いて神によって見られ、理解され、認識される人間が問題なのです（同書、二一五頁）。

　この人間とはただ一回的に生きる人間、つまり人間自身、その人自身なのです（同書二一一六頁）。人間はいかに社会的、個人的に規定されていようと（同書、二一六頁）、かれの状況や諸属性の総体としてではなく、その主体として、その座標系の中心の秘義として存在しています（同書、二一六頁）。そのようなものとして神に対して直接的に関わり、それ故に隣人に対して直接的に関わる存在、それが人間自身なのです（同書、二一七頁）。

　神はこのような人間を愛し、それ故、イエス・キリストにおいて人となり愛し給うた。そのような人間に神の委託が向けられるのです（同書、二二四―二二五頁）。この人への神の愛の語りかけは極めて具体的に特定の時と状況における決定的な、世に対する言葉、そのようなものとして教団によって証しされねばならない言葉なのです（同書、二二五頁）。

　ここで私たちはバルトと一切の構造主義的現象学者たちの人間と世の理解、たとえポール・リクールのような「交わりとしての、物語としての人間理解」に対しても、根源的な次元の違いを認めなければなりません。リクールは、バルトが一切の哲学と神学の共通問題、特に悪の問題にふれようとしないと非難します。しかしそれを行うとき、構造主義的現象学者たちの問題とは別に二重の危険があると、バルトは警告しています。その一つは、それを単に物理的に一般論として行う危険です。言い換えれば、単に教理として静的に、すなわち知的または情的に、それを行うという危険です（同書、二三三九頁）。その二つ目は、結果として福音が違った福音に変えられる危険です。つまり教団が自らの自主性によって（神からの語りかけを聞くのでなく）福音を解釈するという似非《エセ》福音（例えばブルトマン）の危険、つまり特定の時代の状況によって規定され、それに適合させようとされた似非福音に変えられる危険です（同書、二三九頁）。この二重の危険は同根なのです（同書、二四九頁）。その根は神（キリスト）の言葉にひたすら耳を傾けないことです。

　教団は世に対して、かれらが幸せと思っているものの像を画き、その像に目を向けるようにと世を説得することが使命ではありません（同書、二五六頁）。このような試みをするときに教団はあまりにこの世に接近しすぎています（同書、二五六頁）。教団は世に対し優越するものとして上から振舞うのでなく、世と全く同じものとして語りかけ、証しするのです（同書、二五八頁）。教団は自分のすることの成果を頼り所とすることはできません。常に自分は無であり、自分を誇示するようなことを断念することによってだけ教団は証しができるのです（同書、二六〇頁）。

教団は支配でなく奉仕するだけなのです。世の後見となろうとするのでなく、世を解放することだけが使命なのです。つまり教団は世を自分の力で自由に処理しようとすることであってはならない。奉仕とは「能動的従属」なのであって己が力による自主的行動ではないのです（同書、二六六頁）。ではそのような奉仕が果たしてできるのでしょうか。その保証が「約束」なのです（同書、二七五頁）。それは決してこの世の可能性に基づく教団自体の約束ではなく、教団の秘義としての教団固有の約束なのです（同書、二七五―二七六頁）。

つまる所、イエス・キリスト御自身がその保証（同書、二七七頁）なのです。そしてそれは聖霊を通して与えられています（同書、二七八頁）。それが信仰は知解でもあるということであり、福音信仰は決して「知解を犠牲にして信ずる」ということではありません。

神の「語りかけ」が根底である以上、教団の奉仕はまず語ることで、語りが行動に常に先行するとバルトは強調しています（同書、三一六頁）。だから礼拝は大切なのです。語る奉仕の第一は讃美することです。次に説教です。説教は聖書に基づいて語るのですが、決して聖書について語ることが中心ではないのです（同書、三二六頁）。

6　教団は約束に聞きつつ究極以前のものに目を向ける

教団はその奉仕においてただ究極的な救贖だけを思念し、その他のことには一切目を閉じるなどということはあり得ません。究極以前のあらゆる暫定的な歴史における待望を抹殺するようなことがあってはなりません（同書、四四二頁）。

教団は究極以前のものにも目を向けざるを得ないのです。このバルトの主張を聞くとき、いかに軽率なバルトへの誤解が多く、またそれが一般的であるかを思わざるをえません。究極以前もあくまで終わりに向かって進む時間であり、歴史は人間の混乱を通しても前進するのです。これは終局史的（endgeschichtlich）次元です。それと終末論的（Eschatologisch）次元とを区別しなければなりません。バルトは両者をはっきりと区別しますが、両者を互いに関連づけています。ここではバルトの時間論を想起すべきでしょう。

バルトの時間論は二つのアイオーン（時間、時代）の時間論です。人は自分の過去を現在にとり戻すことはできません。私たちは背後にどうしようもない過去というものを背負っています。過去が過去にはならないのです。そこに悔恨があります。それだけではありません。私たちは未来も持っていない。つまり未来を現在化できないのです。未来が未来にならないのです。そこには不安というものがあります。つまり私たちの時間は過去から現在を通って未来へ進むことができないのです。現在は過去と未来に侵食されている。その結果、現在は存在しないのです。それ故、過去を過去としてはっきりと過ぎ去らせ、未来をはっきりと確実な希望として摑むことができたならば、私たちはしっかりした現在というものを持ち、生きることができるでしょう。

この過去を過去として過ぎ去らせて無いものにしてくれるもの、それが神による罪の赦しです。そして未来を確実な希望に、今の私に向かって来る将来にしてくれるのは、罪の赦しの完成である神の国の実現なのです。だからイエス・キリストが私たちの「現在」なのです。キリストである「現在」において、過ぎ去り過去となり無となっていく時間と、将《まさ》に来らんとする二つの時間アイオーンが交錯します。過去化する罪の時間、古い時間と、将に到来せんとする希望と完成の時間、新しい時間、この二つがキリストたる現在において交錯しているのです。ここからバルトは先に述べた終末論的史観と終局史的史観を区別しつつ、関連させています。たとえ核戦争によって世界が亡びたとしても、その破局は世の終わり（終末）ではありません。多くの神学者やキリスト者は破局と終末とを混同しています。究極以前の歴史に生きるこの世にも前進があります。神の支配と導きがあります。しかし歴史の終わりまで、この世には相対的な障害・回復・新秩序がくり返し起こるのです（同書、四四八頁）。それに対し終末の神の国はただ上から、人の力を超えて、約束として到来するのです。

第二章

ポール・リクールとカール・バルト——その決定的相違

はじめに

ポール・リクールは戦後フランスを代表する哲学者で、またフランス随一のプロテスタント哲学者として貴重な存在である。かれはドイツの現象学者フッサールに強い影響を受け、またハイデッガーの存在論にも影響された。メルロ＝ポンティ、ミシェル・フーコー、レヴィ＝ストロース、ラカンなど、戦後フランス思想を席巻した構造主義哲学からの影響も強く受けた。それらを通し、それらを乗り越えて哲学と神学とを融合させようとした偉大なる思想家である。しかしその思想は極めて難解であり、それが後期にいくほどそうなっていくのである。それ故、かれの思想をわかりやすく、しかもその本質を適確に表現することは非常に困難である。

そこで筆者は、日本語で書かれたリクール研究の中で、以上の筆者の意図にかなり近いと思われる杉村靖彦著『ポール・リクールの思想――意味の探索』（創文社、一九九八年）をまず紹介し、同書をごく短くまとめた上で筆者の考えを付け加えたいと思う。

一　リクール哲学の全体像紹介の試み

1　リクールの人間観

リクールの哲学は「意志の哲学」とよばれるべきもので、実存主義や現象学からだけでは説明しつくせない、かれ固有の関心によって導かれている。それは悪と自由の問題である。リクールは悪しき意志とそこからの解放という主題に動かされている人間に関心を持っているのである。初期には『人間、この過ちやすきもの』と『悪のシンボリズム』が対をなしており（一九六〇年代）、それが後期には、大著『時間と物語』（一九八〇年代）や『他者のような自己自身』（一九九〇年）のような解釈学的研究に発展している。しかしすでに『悪のシンボリズム』においてリクールは『人間、この過ちやすきもの』に比べ、すでに解釈学的な転回を示しているといわれる。しかしかれが目指すのは、すべてをひとつの視点のもとに綜合することではない。むしろ実存の深さ（ハイデッガー）と現象学の明晰さの交差点に立ち、現象学と解釈学を接木し、魂の時間と世界の時間を物語によって結ぶというように、いつも対立する立場のあいだに位置し、その対立を調停しようとするのである。しかし同時にかれは対立が最終的には決して乗り越えられないものであることを最後まで追及するのである（同書、五―八頁）。

2　統合的理解の試み

以下、杉村靖彦の論述に従って、二つの主題からリクールの問題圏全体を浮かび上がらせよう。その一つは〈行為し受苦する人間の自己了解〉という主題である。言い換えれば「意志の哲学」と言ってもよかろう。世界を観想の対象とするよりまえに、既に世界に入り込みそこで行為している人間に対する関心である。しかし人は世界に向かうだけでなく、自己自身に向かい合い、自己を問う。なぜか、それがこの主題の第二の側面である「悪」の問題が持つ決定的な意味である。行為する人間への関心と悪の問題という二つを離すことはできない。そもそも悪を悪として判断させる働きは、それ自体悪ではありえない。リクールは人間の行為を根底において動かしている〈根源的肯定〉（己が肯定されていること）の働きを捉えようと試みるのである。

もう一つの主題は〈意味を贈与する言葉〉という主題である。つまり言語論である。行為し受苦する人間の自己了解の探求は、悪の経験の深化と同定されるなら、袋小路に陥るのではないか。そうならないのは、そこでは「悪」は人間によって告白されるのであり、告白と共に悪をめぐる人間の経験が始まるのだからである。いかなる暗い悪にも、なおそれを告白することを可能にする言葉の光が届いている。その言葉とは人間通常の言葉ではない。この謎めいた言葉の働きをリクールは根本的に重視する。そしてこれを〈詩的〉言葉と呼ぶ。この「詩的」言葉が人間を自己と世界の深みから更に根源へと眼を向けしめる（同書、九―一五頁）。

3　行為し受苦する人間

近現代の哲学者は純粋観想、客観的認識をもってはじめる。リクールはその傾向を根本的に批判し対立する。しかしあくまでリクールは哲学者であろうとする。そしてそこに哲学と神学との関連を見出そうとするのである。リクールは行為の次元を観想の次元に決して還元しない。しかもそれを徹底しようとする。そしてその態度が後期の『他者のような自己自身』の自己解釈学に移っていく。リクールはあくまで哲学者、反省哲学者であり、それを貫こうとする。哲学を自己反省の学たらしめたのは、カントである。しかしカントは結局、実践の次元を認識の次元に従属させてしまった。

リクールはさらに、意志の問題の考察において、フッサールの現象学から深く学んだ。しかしフッサールに従って「人間の志向性」を全意志に貫徹させることは拒否した。両者の意志の理解が異なっているのである（同書、二一—三二頁）。

4　悪の経験と反省哲学

行為とは外に向かうものである。それがどうして行為する人間の眼差しが自己自身に転じて自己了解の探求に入っていくのだろうか。それは行為する人間における眼差しの転換の鍵になるのは「悪」の経験に他ならないからである。それはかれの哲学の出発点が「行為し受苦する人間」だからである。かれは悪の最も原初的な相を、行為する人間が遭遇する苦の経験に求める態度を貫くからである。そのとき悪は説明不可能な所与として、生《ナマ》の事実として出会われることになるからである（知的観想の対象ではなく）。その生の事実はただ告白する以外にはない。これが悪の思弁哲学との根本的相違である。そこではリクールは自己自身を問わざるをえない。そして悪に直面した人間の自己への問い返しこそが、「反省」（哲学）という働きの源である。過ちやすい人間と自己を呼ぶとき、道徳的な悪の可能性が「人間の構成」の中に刻み込まれているということである。そしてそれは同時に「自由」の働きを開示する経験ともなる。

現代の哲学が悪の問題を人間の有限性の問題の一種とみなす傾向に反対し、自らを区別している。たとえばヤスパースは罪責性を「限界状況」の一つとし、ハイデッガーはそれを現存在の「顧慮」の構造からとらえる。リクールは悪の経験を構成するこの「有限‐無限の逆説」を真剣に受け止めることによってのみ、有限と無限の不均衡な媒介という人間の自己のあり方を発見し、そこに悪の可能性を認めている。リクールによれば、人間の意識は知性（認識）→意志（道徳）→感情へと深まっていく。感情は人間存在の不均衡な構成を、その最も内密な自覚において顕にする。とは言え、感情の不均衡は「世界」と没交渉な「内面」の出来事ではない。

リクールは現象学の成果（フッサールから始まる）を参照して、認識や意志と同じく感情もまた志向的であることを強調する。ここからさらにリクールは、人間（内面）と世界の不離共内属性を主張する。感情によれば、有限と無限の不均衡は「有限の快」と「無限の幸福」との根源的な不均衡を意味する。幸福とは全体の問題で、決して個々の総和といったものではない。そこから「終わりなき探求」、つまり終末論が必然的に出てくるのである（同書、三一―四二頁）。

5　悪の経験と言葉

過ちやすさは人間の最も弱い点を示しているが、過つ可能性から実際に過ちを犯すことの間には「飛躍」が存在しているのである。ここに「過ち」の謎がある。いかなる哲学もそれを乗り越えることができないのである。人間にはたしかに自由があるが、その自由は使いものにならない。その事実をリクールはパウロの有名な言葉を通して立証している。「わたしは自分のしていることが分かりません。自分が望むことはせず、かえって憎んでいることをするからです」（ロマ七15）。人間はなにか暗い力に捉えられたかのように、自分の自由それ自体に動かされて悪しき行為をするのである。リクールが過ちの中核に「情念‐感情」の働きを認めるとき、浮き彫りにするのはこのような事態である。それは決して有限性の問題ではない。それは転倒した無限ともいうべき「度外れ」の経験を開く。ここにリクールはかれの哲学体系の中に取り込みえない「非‐哲学」に直面する。「告白」がそれである。この「告白の現象学」は、もはや哲学ではない。

では、このような現実を前にして哲学は己の無力無用を自覚して身を引くべきだろうか。

決してそうではない。たしかに「行為し受苦する人間」という反省哲学の主題がそもそも哲学の全権要求を破るものである。しかし「告白の現象学」は、リクールの反省哲学をたんに純粋で抽象的な思索の枠から解き放ち、真に具体的にするための方向を示そうとしている。ここで告白の現象学の立場が、ある積極的な洞察によって支えられていることに注目しなければならない。一言でいえば、いかに不条理な経験においてもなお〈言葉〉の力が働いており、人は言葉を頼りに自己への問い掛けを始めることができるという洞察である。言語は情動（感情）の光である。告白によって過ちの意識は言葉の光の中にもたらされる。告白によって人は言葉であり続ける。反省哲学であり続ける。「この告白がすでに哲学の関心区域に属している。なぜなら、それは、言葉――人間が自己自身について発する言葉――だからである」。通常の言葉に比していかにも異様な相貌をもった言葉こそが、言葉の創造性の原初の現れであり、そこから出発しない哲学的言述は空虚なものでしかないと、リクールは考える。

リクールは罪を告白する言葉の独特なありかたを「象徴」と捉える。たとえば、自分の罪を告げるものが〈汚い〉という言葉を口にするとき、それは文字通りの物質的な意味での汚れを意味するのではないが、にもかかわらず、かれが表現するのは物質的な汚れを表わすこの語を通してしか語りえない。この象徴的言語の不透明さが、同時に汲み尽くしえない深さでもある。したがって象徴の中核には人間の支配をどこまでも超えた「意味の贈与」がある。人間が出来上った自分の考えを表現し伝達する手段として、言葉を用いるのではない。反対に、言葉が人間に対して無限に深まっていく意味を差し出し、それによって人間を自己自身の認識へと開いていく。

言語についての普通の考え方からすれば、これはいかにも奇妙な倒錯に見えるかもしれない。しかしリクールは考える。行為する人間は説明不可能な悪に遭遇せざるをえない。悪の不条理な経験のただ中で逢着する言葉は、このようなものでしかありえない。人間はかく類比（象徴）という道を通ってのみ、自己自身の深みに到らせざるをえない。それ故に、この背景からリクールの解釈学（象徴を解釈する）が現れる。すでに『悪のシンボリズム』において解釈学が出てきている。「行為し受苦する人間」の反省哲学が認識される。リクールにとっては、意味を贈与する言葉との、このような関係を自覚した「行為し受苦する人間」の反省哲学こそが、「解釈学」なのである。象徴は本質的に絶えざる問いであり、一つの「謎」でありつづける。

しかしながら、ここで正《まさ》に、このような時代的な背景に聖書を近づけ、この背景から聖書を基づけようとすること、ひいては啓示をその様に方向づけること、その一切の試みをカール・バルトは厳しく否定するのである。リクールは、謎としての象徴に言葉のもつ創造性が凝縮されていることを信じ、それが実際に「人間の現実を探査し解読するもの」となりうることに「賭ける」のである。ここにリクールとバルトの根源的相違は明白である。バルトの「イエスは主なり」は、そうした一切の人間的試みへの「ＮＯ、否」ではないか。

　リクールは決してひたすら自己意識の内へと分け入ってその絶対確実な源泉に至ることを目指しはしない。そうではなく、象徴的な言語が人間の意識しえない自己の存在の根底に光を投じうることを信じ、人間がそのような言語を介して新たに自己を了解し新たに生きることができるという可能性を探求する。たしかにその意味では、リクールの試みは偉大な試みであると言うべきだろう（同書、四三―五三頁）。

6　意味を贈与する言葉

「反省が目指すのは、エゴ（自我）をその実存するための努力、存在しようとする欲望において捕まえることである。……努力と欲望は〈わたしはある〉という第一の真理における自己（セルフ）定立の両面なのである」。リクールは自我と自己とを区別している。

そこからかれの解釈学の全体を把握しようとするとき、リクールの解釈学的思索は二つの契機を有することが見えてくる。第一の契機は人間の実存の根源的なはたらきを照らし出すべき新たな意味を開く、言葉の創造的な作用の解明である。第二の契機は、そのような言葉を介して人間が自己の底の根源的肯定への憧憬を〈自己化〉するという事態の解明である。

　われわれはリクールが言語のそのような作用（創造作用）を表現するために用いつづける一つの形容詞に注目したい。それは「詩的」な言葉という表現である。それが通常の言葉や科学的な言語との違いである。リクールでは「詩的な言葉」は根本的に重要である。このようにリクールは言葉の問題にその潜勢的構造からでなく、その〈現実化〉の相から接近しようと欲した結果、かれの言語論は「言述」を根本概念として採用するに至った。

　言述とは具体的に何かといえば、第一にそれは「言葉の出来事」であり、その点でも「構造」の反対物である。言述とは無時間的でなく、つねに時間的に現在において実現されるものである（故にフッサールやハイデッガーと違う）。第二に言述は「わたし」という人称代名詞を働かせて語り手を参照させる。その意味でそれは「自己指示的」な言語活動である。第三に、語り手を指示するだけでなく、「つねに」なにかに関わるものである。

すなわちそれは自らを超えて「世界」へと出て行くのであり、自己還帰的であると同時に自己超出的なのである。最後に、言述とはメッセージの交換の場であり、いつもそれが向けられる対話者を持っている。それは自己と世界に加えて「他者」の存在をも前提しているのである。その他者を持つことは、他者に言葉を伝え、他者に了解されるということである。

このように整理すると、リクールの哲学が独特の意志の哲学であり、またあくまで自己自身への反省の哲学たらんとしていることを知るであろう。この言葉の創造性はバルトの「神の業」と次元を異にしたものであることはいうまでもない。リクールの「言葉の奇蹟」と「イエスは主なり」の根源的奇蹟とは異なるのである。リクールの「悪」は福音の「罪」ではない。

リクールはさらに主張する。言語の意味論的な革新を全きはたらきにもたらすものは発話の出来事ではなく、発話を受け止める「書記」の出来事だと。では書記（記録、テキスト）が言述の使命を遂行するのは何であろうか。それは「言う」という出来事ではなく、発話によって「言われること」なのである。われわれが書き、記録するのは発話の出来事の「意味」であり、出来事としての出来事ではない。作品は、書記から開始する言述に独特な、出来事から意味への展開の結晶なのである。作品として実現されるこのような書記こそが、リクールが「テキスト」として捉えようとするものに他ならない。テキストの「意味」は、書き手の意図から離れ、それ自身の組成によって自律的に何ごとかを語りうるようになる。そして書き手もテキストの意味作用の産物でしかなくなる。

こうしてテキストは眼前の「あなた」にだけではなく、いかなる時代のいかなる状況にある人であれそれを読むことのできる者すべてに開かれることになる。要するに、テキストとともに、言語に関わる〈誰か〉と〈誰か〉の対面的な直接性は断たれ、そのあいだに、意味をそれ自体として探求することのできる領野が開かれる。この点に眼を開いたのはリクールの独自性である。しかしリクールはテキストもまた言述であるという立場を決して譲らないのである。にもかかわらずリクールは、いま眼前に〈ある〉状況を超えて、人がそこにおいて〈ありうる〉世界を開き出そうとする。世界とは、テキストによって開かれるさまざまな指示の総体である。

このようにリクールは、自己の内と外に向けて徹底的に問う。かれは、ある状況が消えた後も残り、われわれの〈世界‐内‐存在〉の可能なる存在様式となる非‐状況的な指示を示す（ここにハイデッガーの影響をみることもできよう）。このようにフィクション（作品、物語）と詩（創造的な言葉）は存在を目指すが、それはもはや与えられた存在（所与存在）の様態ではなく、可能的存在（存在‐可能）という様態においてである。リクールにおいては、フィクションや詩が開く創造的根源的な指示、それを担う詩的言語が根本的に大切なのである。そしてこのような言語論の背景が「行為し受苦する人間」の反省という主題である（同書、六九―九二頁）。

7　テキストから行為へ

詩的な言葉は、人間が実際に行為するこの世界に浸透して、その革新的な構想力（想像力）によっていまだ現実化したことのないこの世界の可能的なありかたを露わにするのである。そのことはひるがえって人間の自己了解のしかたにも反響を及ぼすというのである。テキストを解釈するとは、そのような反響の生起と同一の事柄である。

ハイデッガー以後、解釈学は、了解は先了解によって導かれていると主張する。この考え方にリクールは深く影響されている。ただしハイデッガーには、テキスト（世界）が欠けている。リクールの言葉の創造性は、現実の肉と化した過去の言語活動の蓄積を前提している。『時間と物語』以前のリクールの解釈学は、〈文学的〉言語表現を言葉の創造性の特権的な例とみなして、それらを参照しながら理論形成をしてきた。しかし、場合によっては文学作品よりももっと直接に、生き生きと、言葉のもつ力を感じさせるテキストのジャンルがある。それが「歴史」である。リクールは物語のジャンルの中にフィクションだけでなく、歴史記述をも入れることによって、自己が追求していた問題を「歴史の真理要求とフィクションのそれとの間の交差する指示」として考察し直そうとする。

フィクション・物語は気まぐれな空想ではなく、ある世界をできるだけ正確に、説得的に表現しなければならないという責務を背負った伝達行為であり、フィクションの準-過去性は、アリストテレスの表現を用いれば、「起こったこと」ではないにしても、「起こり得たであろうこと」として読者に伝えられる。リクールの歴史観は「痕跡」を重んじる。歴史とは痕跡を通しての認識である。過ぎ去ってしまったが、その諸々の遺物のなかに保持されている過去からの意味生成に訴えるのが歴史である。痕跡から意味を読み取り、物語へと練り上げ、過去を再形象化するという作業は、たえず新たに繰り返されねばならない。このようにして、歴史記述は自らのうちに必然的にフィクションを抱え込むことになる。

リクールの省察をさらに検討すると次の二つの概念に突き当たる。一つは「過去によって触発されていること」という存在論的な概念であり、もう一つは「死者に対する負債」という倫理的な概念である。そこから「行為し受苦する人間」を焦点として経験の空間と期待の空間（終末論）との緊張によって深められる「意味を産出する伝達」こそ、「物語られる歴史」である（同書、九三―一一八頁）。

8　自己の解釈学

行為し受苦する人間の自己了解はつぎの二段階から成る。第一は、言語の創造的な働きによって〈想像力〉が与えられることであり、第二は、決断によって想像の次元を超え出て現実の生の中で自己を〈証し〉立てることである。

テキストを読む（解釈する）ということが人間にとって言葉の創造性にふれてそれを自らに受け取る通路となる。その場合、言葉は人間のいかなる働きにふれるのか。解釈は専ら知性に関わるのか、それとも意志（道徳）に関わるのか。リクールではそのどちらでもない。それは想像力なのである。これがリクールの解釈学である。創造的な言葉は直接意志に働きかけて行為を迫るのではなく、そのまえに世界を新たな、より本来的なしかたで「見させる」のである。想像力の眼で世界を見るというのは、自己の実存の可能性を眼前に繰り広げることと同じである。創造的な言葉は人間を根底から動かすものでありながら、決してそれに直に接することができない。しかしそれはその〈根源的肯定〉への憧憬と意味とを贈与する。それを介して創造的な言葉を自己化する。それがリクールの解釈学の基本的な枠組みである。

では、可能性との自由な遊戯（過ちやすさ）から現実の行為と苦しみ（過つこと）への移行はどのようにして行われるのだろうか。この「鍵」となるのが「他者のような自己自身」における自己の〈証し〉という概念である。この可能性から現実性への飛躍をも、より深い連続の裏面と見なしうると、リクールの解釈学はとらえている。ここにバルトとの相違は明白であろう。リクールでは人の決断が決定的である。つまり人をして自己を自己たらしめる最終的契機は、決断によって想像変容から行為へと飛躍することなのである。証しとは、人が懐疑の危機にもかかわらず保持し続け、証言しつづける〈信頼〉という意味での信念なのである。「……証しとは、行為し受苦する自己‐自身であるという確信として規定されることができる。この確信は、あらゆる懐疑に対抗する最後の頼みの綱である」。厳密にいえば、人間は根源的肯定を自己化することはできず、ただ根源的肯定への憧憬を自己化するのである（同書、一一六―一三二頁）。

9　神の言葉と聖書

リクールの倫理とはカント的倫理であるよりも、むしろアリストテレス的な「よりよい生活を求める」目的論的倫理である。このよりよき生を求めるということは、自我（エゴ）を超えて自己（セルフ）を、根源的肯定への憧憬を求める倫理である。しかしそれは自己と他者との関わりとならざるをえない。リクールは自己と世界のありかたと共に、カントの道徳的自律性を重視する。ただカントの道徳は形式主義とならざるをえないと批判する。リクールの倫理思想は、アリストテレス的な〈よき生の倫理〉とカント的な〈義務の道徳〉との重ね合わせを図るものである。そのことでフッサールの現象学に導かれつつ、それを超えてハイデッガーに深く学び、さらにそれを超えて〈世界とテキスト〉に眼を開かれてゆく。そこからして聖書に、啓示に、キリスト教に関わっていくのだが、悪の象徴的表現の諸相が繰り広げる弁証法的運動を追求していくと、罪と救いに関する新約聖書の説教、とりわけ「ローマ人への手紙」などにおいてパウロが定式化する弁証法的な運動に逢着するという。「律法が入り込んで来たのは、罪が増し加わるためでありました。しかし、罪が増したところには、恵みはなおいっそう満ちあふれました」（ロマ五20）。

しかし、このようなことがいかにして可能になるのであろうか。それは、信仰においては、義は人間にとって最も外なるところから到来するのでありながら、人間をその最も内なるところにおいて満たすことができるからである。ここでは「にもかかわらず」という面が失われえない。リクールはパウロの「罪が増したところには、恵みはなおいっそう満ちあふれました」から「なおいっそう」を抜き取り、その抜き取られたものを〈にもかかわらず〉と組になるべきものとして採り上げるのである。キリスト教の「神の無限の贈与」とリクールにおける「詩的な言葉による意味の贈与」の連関を究明することが、哲学的言述と神学的言述の緊張的連関の場としてリクールの詩学の理解に不可欠であると、杉村氏は言う。

リクールは現代の神学で「神の言葉」または「言葉としての神」が極めて重視されていることに注目する。しかし神が言葉であるということは、言葉は語りかけるもの、つまりわれわれの内に「到来する」神なのである。神は到来するもので、「現在に顕現する神」は偶像である。問題はここで、リクールがバルトの神を「現在に顕現する神」で「到来する神」ではない（モルトマンと同じ考え）としている点である。ここでリクールはバルトを全く誤解している。「イエスは主である」という告白、その啓示は将来的到来ではないという。ここでリクールは結局ブルトマン的、エーベリンク的な神の言葉論におちいっている。「神を永遠に現存する存在として捉えて受肉をその時間的な顕現と考えるキリスト論は、到来する言葉の神」を歪めてしまうと言うとき、リクールは明らかにバルトの神学の根源を否認している。そもそもリクールは「言葉の神学」を全面的に肯定しているわけではない。それはリクールの強く主張するテキストの世界、したがって聖書という「書記」の固有性をないがしろにする傾きがあると考えるからである。これについてはまた後に述べよう。要するにリクールにはバルトのような時間論、超時間、したがって同時性の理解、また二つのアイオーン（時間、時代）の理解がないのである（同書、一三三―二一九頁）。

以上、杉村著『ポール・リクールの思想』（創文社刊）をざっとまとめて、かれの理解を通してリクール思想の根幹を考究した。

二　バルトへの批判とその問題性

1　超越と内在の最も鋭い対立と統一の試み

以下、リクール自身の著作に基づいて、これまでに記したことを少し補足してみることにする。

『悪のシンボリズム』でのリクールは、人間の意識を三つに分ける。最初は知性であり、第二段は意志、そして第三段、つまり人間の意識の最深層が感情である。ここで知性（思弁）と意志（道徳）が綜合されるとみる。この感情において人間の不均衡性が、過ちやすさが追求される。人間の内にある過ちやすさと過ちを犯した現実とが、告白という形で表現される。

だからこの告白という、最も原初的言語は象徴的言語なのである。この象徴には三つの様式があり、第一は太陽や月などという宇宙的な実在物である。これに着目したのが宗教現象学であり、特にエリアーデである。第二の様式は夢の次元である。ここでリクールはフロイトなどを考えている。この宇宙と心の二重性は、象徴の第三の様式である詩的想像力の中で補完されるとみる。詩的言語が人間という語る存在の根源へ導く。汚れが第一次元の象徴で、第二次元の象徴は罪、第三次元の象徴が罪過（罪意識）である。

この個人の意識の深化をリクールはイスラエルの歴史の中に見ている。罪過の罪意識の袋小路がファリサイ的律法の超細分化の袋小路であり、その活路がパウロである。パウロにとっては、律法を行い、それを完全に行おうとすること自身が罪である。この人間存在自身の悲劇性が、キリスト論のうちの悲劇性に転化される。ここで何れかの方向を選ぶかは哲学では解決しえない。われわれの例で種々ある宗教の様々な神話のどれを選ぶかは、われわれの力によってではなく、パウロ的にいえば、聖霊によるのである。

リクールは悪についての思弁の言述〈言述→テキスト→聖書〉を五段階に分けて論じている。第一は神話（アダム神話など）の段階、第二は知恵の段階。たとえばヨブ記などの知恵文学。第三はグノーシスと反グノーシスの段階。例えばアウグスチヌス。第四は神義論の段階。ここではライプニッツ、ヘーゲルなど。第五が破れた弁証法の段階であり、ここでバルトが出てくる。しかしバルトは言語化を断念している。リクールはあくまで言語化を、人間存在のドン底の反省的把握として、つまり「人間化」ということにこだわる。

言うならば、リクールは究極的には十字架の言語化を主張している。これがバルト神学を根源的に拒否する立場であることは明らかである。

リクールはデカルトのコギトを否定するニーチェの無神論を評価する。しかし同時にそれを否定する。なぜならニーチェがデカルトやカントを否定したとしても、それを克服する世界を作りえないからである。ここで哲学は飛躍することができず、できるのはただ預言者的説教者だけであると、リクールは説く。

リクールの偉大なる試みは、あくまで言語化できないものを言語的に捉えること、デカルトのコギトではないが、神話の中に含まれている根源的な人間の経験をロゴス化しうると確信することである。かれは言語についてハイデッガーを踏襲しつつ、それが人間の意識よりも、むしろ神話や隠喩といったテキストにおいてわれわれに語りかける働きに着目しているのである。

2　言葉としての神と聖書

リクールは、人間状況の悲惨さに基づく実存主義の道をとらない。また哲学が問い宗教が答えを与えるというティリッヒの方法もとらない。またフッサールやメルロ＝ポンティのように知覚の現象学から始めて世界‐内‐存在のわれわれの経験について語ることもしない。またハイデッガーの『存在と時間』に見出される関心の現象学の用語によっても語らない。その代わりテキストによって、また聖書によって世界があらわされ、示されていることから直接始めようとした。

　そうは言っても、リクールは反省の哲学、つまり理性の道を決して否定はしていない。ただ、主観もしくは主体は決してその理性の努力によって、ハイデッガーのいう世界内存在、またフッサールやメルロ＝ポンティのいうような現象には到達できないし、人間の「究極的関心」である実存在への願望を達成できない。そのことから、根本的要求が出てくる。全能なる自己という幻想の喪失と、その喪失の故に「実存在する努力と存在への願望」が獲得できるためのしるしを求めざるを得ない。人間は反省の手段によって自分の自己にも、また現実そのものにも到達することはできない。そのことをリクールはニーチェやフロイトやマルクスを通して学ぶ。かくしてかれは、テキストの世界というものに向きを変える。主‐客以前の深層構造を回復させようとする。それは反省の哲学としての現象学を、テキストの開示する世界の現象学に転換する仕事である。

　詩的機能においては、真理はもはや証明ではなく、示現（マニフェステーション）である。言語がその詩的機能において啓示の手段でありうるのは、このような意味での示現だからである。リクールにとって、聖書は一般のテキストの一部として特殊なテキストである。それ故聖書解釈学は一般的解釈学の中にある局所的解釈学であり、哲学的解釈学に加わえられる一つのユニークな解釈学である。聖書の啓示の特色は、この信仰告白、信仰の表現が画一的でなく多様である点にあり、われわれは複数的、多義的な啓示の概念に出会う。

リクールの考える多様な啓示もしくはディスクールの区分と考察課題を示そう。

一、預言的ディスクール。

二、物語ディスクール。かれはいう、われわれは単純に啓示を預言と等置してはならない。われわれは物語ディスクールのジャンルを考察する必要がある、と。

三、命令的ディスクール。（1）旧約の律法的テキスト。（2）律法の契約的な関係の側面。（3）信心深い信仰者と律法との間の関係の変容。

四、知恵のディスクール。これは人間と世界の限界状況を問う。ヨブ記など。

五、賛歌のディスクール。これは詩篇によって代表されるジャンルである。

リクールの結論。神は無限に人間の思いと語りを超えている。またこの意味で聖書の証しは相対的なのである。しかしテキストを通してそれらの証言がわれわれに迫ってくるときそれは絶対的である。新約的告白の核は、その周りに残りの告白を引きつける中心である。そしてイエスはキリストであるとの告白は、卓越した証しを構成する。

ジェイムズ・バーはその著『聖なる書物』（教文館、一九九二年）の中でリクールの聖書解釈学の批判をしている。その批判の最も鋭い点は、旧約と新約の関係である。リクールによれば新約の仕事は旧約が実際に何を意味しているかを語ることであるが、新約の仕事はそれが主なのでなく、新しい実質を宣言することである。新約の課題は旧約を解釈することが主ではなく、その新しい実質を解釈することである。新約は旧約の最終的な解釈ではなく、根源的に新しい何かを持っている。旧約と新約の間には連続と同時に断絶がある。新約からのみ旧約が理解できる面がある。リクールによればキリストにおいて神は表わし尽くされない。聖書の神の十全な姿はイエス・キリストの性格をすら超えていることになる。

リクールとバルトの根源的相違性は明白である。ただ、旧約の啓示、語り掛けに多様性があるという指摘において、リクールはバルトの旧約理解に欠けがちなこの点の補正に役立つかもしれない。

第三章　カール・バルトの旧約観と福音理解

一　神の選び

1　選びの思想の歴史

「選び」という主題は、福音理解に関して極めて重要な主題である。この主題を根源まで掘り下げたところにバルトの大きな功績がある。バルト以前においては、たとえば二重予定説が福音理解を混乱させてきた。この混乱は宗教改革以降のことである。

宗教改革を開始したルターは「二重予定」、つまり、ある人は救いに選ばれており、ある人は滅びに選ばれているといった問題は避けようとした。しかしルターには「隠された神」という思想があった。イエス・キリストにおいて「顕《あら》わされた神」、つまりイエス・キリストによって私たちに啓示された神よりも、神はもっと大きいという考えである。これを「隠された神」と呼んだ。この隠された神を認めるなら、救いへ選ばれた人の他に捨てられた人の存在も否定できなくなるであろう。そうすると個人の選びは、イエス・キリストの選び以前に、隠された神、神そのものによって予知され、選ばれたという理解が可能になるだろう。

しかしルターはこの考えを追求することはしなかった。それを追求したのがカルヴァンであった。かれは二重予定を説いた。とすると当然キリスト者の中に、自分が救いに選ばれた者だという保証はどこにあるのかという疑問が生じ、そのため悩むであろう。やむなくカルヴァンは、信仰者として教会内で他の教会員から認められ、また世間的にも立派な生活をして人々にきちんとした人間と認められることが救われていることの保証だと言った。しかしそれだけで信仰者は満足するだろうか。それだけでなくそこから当然パリサイ主義、行為主義が生まれてくるだろう。いずれにせよ、そのような考えでは信仰者の不安はなくならない。そこでカルヴァンは、不安になったら、神がどのようにイエス・キリストを選ばれたかに眼を向けよ、その意味でかれは選びの模範であり、私たち信仰者にとって選びのあり方を教え導いてくれるいわば「鏡」である、と言った。

しかしその後も二重予定は教会にとって災いの元であった。それをバルトは批判した。どのような批判だろうか。

2 イエス・キリストの選び

ルターやカルヴァンは、イエス・キリストがまず第一に父なる神に選ばれたという選びの中心であることは認めたが、決してイエス・キリストが選ぶ神であるとは認めなかった。バルトの批判はこの点に向けられる。

イエス・キリストは単に選ばれた人であるだけでなく、選び主でもあり給う。それ故、選びを論じるとき、単に個々人の選びということのみに眼を向けてはならない。隠された神なるものは存在しない。イエス・キリストによって啓示された神以外に、神は全く存在しない。それ故、「父なる神」と、二千年前、パレスチナで生き、十字架にかけられ、そして甦り給うた「子なる神」（歴史上はイエスという、人間を自分の身に受け取った子なる神）と、父と子の共通の愛の霊なる「聖霊なる神」のいわゆる「経綸的三位一体」の神の背後に「内神的三位一体」の神が存在し、それが神そのものである。この神は愛そのものである。この愛のほとばしり出が内神的三位一体の神の「原決断」である。この「決断」の故に内神的三位一体は経綸的三位一体とは異なる。経綸的三位一体の神は、いわばこの原決断を根拠としている。だから両者は同一ではあるが、全くの同一ではない。

この意味でバルトはモルトマンと異なる。愛のほとばしり出の原決断が神の選びである。それは一切の人間的条件に左右されない神の完全な自由の決断である。ただこの愛のほとばしり出る原決断は神の本質そのものでもあるから、内神的三一の神（三位一体の神を「三一の神」と略称）と経綸的三一の神は同一なのである。それ故、この決断はただただ歴史上のイエス・キリストの生と十字架の死と復活の福音によってのみ知ることができる。この決断は父なる神が子なる神を愛し、子なる神が父なる神の愛に応えて父を愛する。この両者に共通の愛の精神というか、息吹というか、それが聖霊である。父なる神は子なる神への愛を通し、自分にとっての他者（人間）を愛されたのである。人間と世界が創造される前に三一の神は子を愛することによって人間を愛し、人間と契約を結ばれた。これを言い換えれば、三一の神がイエス・キリストを選ばれたということである。イエス・キリストは契約の成就である。子なる神がイエスという人間を自らに受け取られたということである（神論Ⅱ／1、二二七頁）。

3　神の自己犠牲

神が人となる。それは三一の神の自己犠牲を意味する（同書、二二九頁）。選びは人には大いなる益であるが、神にとっては危険であり、損失を意味する。個々人の選びは決定的にイエス・キリストの選びの中に含まれており、そのようにしてのみ理解すべきである。イエス・キリストの選びはカルヴァンの考えるように単に私たちひとりひとりの選びの「鏡」「模範」ではない。イエス・キリストがただ一人の選ばれた者であるだけではなく選ぶ方《かた》でもあることによって、私たちはイエス・キリストの中で、イエス・キリストと共に選ばれるのである。だからイエス・キリストの選びが私たちの選びの「認識根拠」であるだけでなく、「実在根拠」なのである。選びの確かさはここにのみ根拠づけられている。だから個々人の選びの個人は普通の個人ではない。イエス・キリストの選びの中に含まれるような個人なのである（神論Ⅱ／2、二四頁）。

神のイエス・キリストの選びは三一の神の永遠のはじめの決断に基づくものとして、一切の人間的条件と関わりのない神の絶対的な自由に基づくもの、永遠の決断である。故に一般の神学者のように、創造が先で救済の秩序はそれに続くものとして考察されるのではなく、バルトでは人間との契約（救済）が創造の内的根拠として先であり、その契約の外的根拠（救いの行われる舞台）として創造がそれに基づき、それに続く。そのことは神の永遠の決断を通して、永遠は時間を含むものであって、時間の否定でも、無時間でもない。

故に神の永遠は、したがってイエス・キリストの選びは超時間、もしくは同時間性というべきものである。特に旧約、イスラエルを考慮するときには、すでに選びは前時間的である。

創造、人間の堕罪、イスラエルの選び（契約）、イエス・キリストの十字架、私たち個人の選びと信仰と救い、世の終わりの神の国などは、バルトにおいては、歴史の流れに乗っていると共に同時的でもある（神論Ⅱ／1、二八二頁）。これが神の時間、イエス・キリストの時間なのである。だから「イエスは主である」という信仰告白は、語る神（父なる神）が罪人を救うために人となられたことへの、歴史におけるイエスの生と十字架の死と復活の出来事（子なる神）、神の言葉そのものへの告白であり、また私たちの今、ここでの信仰（聖霊の働き）の三位一体論と同一である。この「キリスト論」は、人の理性や能力を超えた神の業（ザッヘ＝事柄そのもの）である（同書、三〇六頁）。

4　選びにおける「個人」

個々人の選びにおける個人は、イエス・キリストの十字架と復活という神の唯一の業に含まれた個人である。ここでさらに言うならば、この選ばれた個人とは、決して教理や信条を頭で信じる個人ではなく、その都度、イエス・キリストを主とするようにと、聖霊を通して呼びかけられ、それに応える私としての個人なのである（神論Ⅱ／2、三四頁）。神はイエス・キリストを選び、イエス・キリストの選びは教会（イエス・キリストのこの世における身体）の選びを含み、イエス・キリストの選びの内に、選びと共に、そして選びの道具としての教会の宣教によって教会の中に私たちを取り上げられた。私たちの選びはそのようなものとして現実化している（神論Ⅱ／1、三五六―七頁）。教会の選びは古代イスラエルとの一体性を保つ。イスラエルはイエス・キリストの予言としてイエス・キリストを証しし、教会はイスラエルの予言の実現されたイエス・キリストを証しする。

5　選びにおける光と影の二面性

神の選びは光の面と影の面の両面を伴い、教会論では影としてのイスラエルと、光としての教会とを統一する（同書、三六二―三六六頁）。私たち信仰者は教会の中に取り上げられたが、個々人もまた両面性を帯びている。私たち信仰者はそれぞれ捨てられた罪人、神に反抗する罪人の面を持っている。私たちの選びは完全な恵みによるのみである。それ故、イエス・キリストのこの世での身体としての教会の根本的任務は、イエス・キリストにおける神の業を証しすることである。

その任務とは宣教である（同書、二〇一―二〇六頁）。それ以上のことは命じられていない。宣教といっても、教会や信仰者は、自らの証しによって人を救うことはできない。また私たち自身には、自分の信仰が正しいか否かの判断は委ねられていない。私たちは神の前に何ら持ち出すものはなく、ただ恵みによって生かされている。自らの判断にふさわしいのは、このことだけである。また教会と私たち信仰者の証しはどれだけの効果を持ったのか、それが歴史をどう変えたのか。私たちはそれについて責任をとることもできない。それはただ神の業である。

ところで、神の選びは私たちキリスト者に限られるのであろうか。選びは他の人々には及ばないのだろうか。それは違う。たしかに信仰を与えられるということは絶大なる神の業である。他の何ものもこれと比較できない絶大な恵みである。しかし神がイエス・キリストを選び給うたとき、神はすべての人を選び給うたのである。私たち選ばれた信仰者はイエス・キリストにおける福音の光を証しする。

しかし他方、信仰を持たず、直接あるいは間接に神に反抗し、したがって捨てられ、悪魔の支配（律法と罪）の下に委ねられているかのように見える不信仰者も、かれらの存在を通して「偽りの証し」ではあるが、神の業を証ししている。間接にイエス・キリストの影の部分、イエス・キリストの十字架の裁き、神の自己犠牲の面を証ししているからである（同書、二七七―二八一頁）。信仰者と不信仰者の両者は相互に対立し、しかも互いに補い合って全体をなしている（同書、八五―九三頁）。だから両者の対立は絶対的対立でなく相対的対立である。イエス・キリストの選びの中に両者は含まれている。それ故キリスト者の証しは人間的意見ではなくキリスト者にしかできない、神の業に属する証しである。キリスト者はすべての非キリスト者と全く同じ罪人であり、何の違いもないが故に、しかも人間の何であるか、人がどこから来てどこへ行くのか、罪とは何か救いとは何かを知っているが故に、非キリスト者に対して証しできるのである。

二　旧約における神の選び

以上に述べたように、神の永遠は時間を含む、したがって神の時間、キリストの時間は、超時間、前時間、後時間、同時性などである。そこでバルトにはこの同時性の故に歴史がないという誤解がある。バルトはそれを明確に否定する。バルトの時間の見方を念頭に置いた上で、私たちはバルトの旧約観の内容に入っていこうと思う。

1　前族長時代と族長時代

神はアベルを顧みられ、カインを顧みられなかった。これは神の決断に基づいている。アベルは顧みられ、選ばれたが、死んだ。カインは捨てられた。しかし見捨てられていないのである。まさにカインこそが、生きることへの定めの下に立っている。アベルは、かれなりの仕方で、少しばかりカインの代わりに立ち、カインもアベルに対してそうである。光としてのアベルは影であるカインを必要とし、影であるカインはアベルの光を証ししている。両者が必要である。さらにアベル自身にも光に影が伴い、カインにも影に光が伴う。

両者それぞれの持つ二面性と、二面性としての両者が要求されている（同書、九三―九四頁）。

アブラハムが選ばれ、「あなたを祝福する者をわたしは祝福し、あなたを呪う者をわたしは呪う。地上の氏族はすべて、あなたによって祝福に入る」（創一二3）と約束される。これがアブラハムの光である。しかし同時に、それ故にこそ、かれは親族と別れ、父の家を離れ、国を出て行かなければならない。これがアブラハムの影である。この両面の二系列全体がここから始まるのである。

神はイサクを選び、最初に生まれたイシュマエルを選ばない。しかしそれでいてイシュマエルのためのアブラハムの心配は聞かれ、イシュマエルも生き続け祝福される。イサクの息子たちについても、エサウは年長であり父に気に入られながら、どうしても年下のヤコブが長子の権と父の祝福を受けなければならない。しかし父はエサウのためにそれなりの仕方で現実の祝福を与える。

ヤコブ自身はレアよりラケルを愛しているにもかかわらず、主は後まわしにされたレアを実りあるものにされる。ここにも光と影の両面、選ばれることと捨てられることの両面があって全体をなしている。しかし、結局、ラケルも子なしで終わらず、ヤコブの後継者ヨセフの母となる。さて、ヨセフについては二人の息子エフライムとマナセがいるが「ヨセフは二人の息子のうち、エフライムを自分の右手（光、選び）でイスラエルの左手（影、捨てられること）に向かわせ、マナセを自分の左手でイスラエルの右手に向かわせ、二人を近寄らせた。イスラエル（ヤコブ）は右手を伸ばして、弟であるエフライムの頭の上に置き、左手をマナセの頭の上に置いた。つまり、マナセは長子であるのに、神は両手を交差して置いたのである」（創四八13—14）。ここでも両者の区別には絶対性がなく、相対性がある。すなわちその都度排除されたもの、抜擢されなかった者も、それだからといって絶対的に捨てられたのではなく、むしろふさわしい仕方で同様に、契約の神との積極的な関係をもち続けるのである（同書、九五頁）。

このような個人の人間の選びに関する具象的な明瞭さは、創世記の族長たちの歴史が終わると共にさしあたっては終了する。その後は全体としてのイスラエルが他のすべての民と異なるものとして抜擢（選び）されているが、ここでも対立の相対性がある。エドム人、エジプト人とイスラエル人とのある種の積極的な関係は、完全には排除されていない。

以上、イスラエルにおける個々人の選びの意味を歴史的記述において見たが、これとよく似たことをレビ記における祭儀規定に見ることができる。それはレビ記一四章と一六章である（同書、九六―九七頁）。

2　レビ記の祭儀規定

レビ記一四章4―7節では重い皮膚病を患った人が清められるための儀式規定が記されている。祭司がその人に清い小鳥二羽と香柏の木と緋の糸とヒソプを取ってこさせる。その小鳥の一羽を水の上で殺させ、土の器にその血を受ける。しかし別の小鳥の方は、第一の小鳥の血に浸し、それから清められた患者は七度この血を注がれ、その後、この第二の、生きている小鳥は野に放たれる。

次に、レビ記一六章5節以下の、大いなる贖《あがな》いの儀式の一部を考察する。まず二頭の雄山羊が主の前におかれる。つまり会見の幕屋の入口に置かれる。そのあとアロンはその二頭の山羊のためにくじを引かなければならない。一匹は主のため、一匹はアザゼルのためと決める。そして主のものに決まった山羊を献げてそれを贖罪のために殺さなければならない。しかしアザゼルのものに決まった山羊は、主の前に生かしておき、それをもって贖いの儀式を行い、これをアザゼルのために荒野に送らねばならない。第一の雄山羊の血は民の汚れを清めるために雄牛の血と共に七度聖所で祭壇の上に注がれる。しかし第二の雄山羊については、アロンはその上に民の罪を告白してこれを雄山羊の頭にのせ、これを荒野の奥に追いやらねばならない。これらは先に述べたイスラエルの個々人の選びの歴史とのつながりのしるしおよびその証言の意味を伴っている。

レビ一四章と一六章にある儀式では、全く同じ動物が、全く異なった取り扱いに服せられている。その選択はまさに神によってなされる選択である。それはイスラエルの歴史の神的な意図についてのしるしであり証言である。さて、二つの動物の取り扱い方の内容はレビ記一四章と一六章で共通的なものを持っている。つまり一つの動物は用いられ、もう一つの動物は用いられない。いや必然的に用いられない限りにおいてだけ用いられる。われわれがその取り扱い方そのものに注意を向けるならば、アベルとカイン、イサクとイシュマエル、ヤコブとエサウ、レアとラケル等々の物語を思い出すことを避けることはできない。イスラエルの歴史がそのような区別をする選びの歴史である限り、明らかにこれらの儀式の中でそれは注釈されている。清めはレビ記一四章では重い皮膚病を患った人のいやしということである。一六章では民全体の贖いである。これらは今なお繰り返し起こる清めを証ししている。そして神が清めの主体である。ただ神のみが罪を赦すことができる。人間は神からの恵みの証人であり、それを宣べ伝える者となる以外にはない。

二つの動物を用いることと用いないことではレビ記一四章と一六章は共通性を持つが、両者での意味は違っている。一六章では神と和解した民の生の立場が重要なのではない。和解自身が必要であり、かつその和解が事実存在するということが重要である。そのために第一の山羊の死と血が用いられ役立たなければならない。また役立つことが許されている。第一の山羊の死と血の注ぎを通し、その死が主のために選ばれる人にとって救いとなること、つまりこの動物の死が自分に及ぶように、かれの清くない血をすべて注ぎ出すことが許される。それがかれの救いへの道である。第一の山羊の中に選ばれた罪人は、自分自身を再認識しなければならない。そして第二の山羊が荒野に放逐されることは、神の前に失われた罪人は、アザゼルに、荒野に属するものの姿の中に自らの姿を見る。また神がかれをそのように見給うことを、かれが神の裁きの下に今もあることを見なければならない。

この光と影の両面の対立と同一化の中にかれ（罪人）はいるのである。つまり二つの動物と二人の人間の両方のものによって代表されなければならない同一性、統一性が問われている。第二の山羊は贖われた人間が同時に神から捨てられた罪人にすぎないことを示している。かれは死の影の中でのこの生以外の生き方を送りえない。しかも神の恵みは罪人をそのようなところから導き出したのである。第一の山羊は、神が闇（影）から光へと、荒野から約束の地へと導き給うことを示している。カインはアベルの傍《かたわ》らにあって、イシュマエルはイサクの傍らになくてはならない。欠けてはならないのである。それを通して光は光となる。光として証しされる。

レビ記一四章の行動は逆の方向に向かって進んでいく。第一の殺された鳥よりも第二の飛び去ることを許された鳥において、神的選びによる罪人の純化のあり方が証言される。裁かれた者の身に恵みが及び、神の怒りにより見捨てられた者が、もう一度受け入れられるために、その者は死ななければならない。かれの血は最後の一滴まで注ぎ出されねばならない。かくしてかれの新しい生は生まれる。生きている第二の鳥が第一の鳥の血に浸されることに、すべてがかかっている。第一の鳥が第二の鳥を清めるために自分の生命と血を差し出したことによって第二の鳥は事実清められ、第二の鳥に対して自由が与えられることができる。重い皮膚病を患った人（罪人）は今や神的な怒りの領域から遠ざけられ、新しく神の自由な成員となったことが語られている。この鳥はさし当たって仮借ない仕方で死ななければならないが、疑いもなく、甦り、人間に向けられた神の恵み、人間に贈り与えられた自由、人間に再び贈り与えられた生命、人間の徹底的な清めと更新とを指し示す。この点でレビ記一六章の第二の山羊の場合とは違っている。

レビ記一四章と一六章は違いがあるにせよ、両方とも二つのものが存在しなければならないことを語る。他方のものが生きるため一方のものが死なねばならない。第一の鳥は、用いられ得ないもののために用いられる。選びの実の受領者はここでは明らかに選ばれない者である。今やカインが、イシュマエルが、エサウが受領者である。またレビ記一六章では、遠くから見えている正しさとは別な正しさが見えてくる。そこでは選ばれた者（光）は同時に裁かれるべき罪人（影）であり続けるが、一四章ではそれらを包みこえた救い（光）が証言されている。一四章ではすべての者（罪人）が選ばれ自由が与えられる。これら両方のテキストの中で死と生は、いずれも、ひとりの完全な人間（イエス）が神との交わりを通してその身に負うことを意味することを示唆する。しかしここではまだ人は、神に選ばれ、その死を通して罪人の救いを贈るこの人間を、荒野に、アザゼルのもとの慰めのない領域に追いやられた人間のことを、決定的に自由へと移されたこの人間のことを知らない。

したがって「たとえ」（旧約の物語）が証ししていることは、我々に知られている人間的な実在を超越している。つまり旧約の選びの物語に相当する人間（光と影の両面を持つ一人の人間）は旧約には存在しない。それ故これらの選びの叙述はあくまで謎にみち、したがって何かを指差している。隠された実在の啓示である。アベルはアベル、カインはカインであり、両者はあくまで別であって、両者を兼ね、統一する人物はいない。一羽目の鳥と二羽目の鳥はそれぞれ別物であって一つとはならない。二匹の山羊もそうである。したがってそれらは統一、単一性を求めている。故にすべては謎である。旧約は求められるべき統一的実在を証しているだけであり、その意味での啓示である。以上述べてきた諸々の物語、またそれらへの基礎となる儀礼による註解からも、かの統一した実在は証明されえない。ただ指し示し、求め、その意味で証言するだけである。決して証明はできない。その意味でこれらはイエス・キリストの存在の予言ではない。

しかし、これらは同時にイエス・キリストの予言である。それは、ただこれらの証言の成就であるイエス・キリストの出来事からのみ確言することができる。つまりイエス・キリストの生と十字架の死と復活への聖霊による信仰からだけ、これらが預言であると言い得るのである（同書、九六―一一二頁）。

3　サウルとダビデ

前項で取り上げた箇所は、ある意味で祭司としてのイエス・キリストの旧約的証言といえるだろう。次にバルトは王としてのイエス・キリストの旧約的証言、予知として、サムエル記のサウルとダビデを取り上げる（同書、一一五―一一六三頁）。ここでは神の本来的な相手となるものは、もはや民の集まりそのものではなく、その代表者および頭《かしら》として、民の前面に出てくる王である。サムエル記上八章では、民がサムエルと神の意志に反し王制を望む。王制という新しい秩序を神が望まないという、それまで隠されていた神の意志がここで民に妨害されることに重心はない。むしろそのような神の意志の啓示の中に王制の秩序がその起源を持っていること、神の意志が啓示されていること自体に中心点がある。たしかに民は神を捨てた。それ故、神はかれらの願いに応じるようサムエルに命じ給う。そのことが、かれらに対して決められ、遂行される裁きなのである。

それ故サムエル記上九―一〇章によればサウルの上に白羽の矢がくだる選びは、あくまで神の選びであって、民の選びではない。ひとまず神はサウルを通して民をペリシテ人の手から救い出される。それがサウルについての神の積極的な意志であり、かれのための神の計画であって、それが欠けてはならない。またサウルは罪を犯した後に、後日ダビデが同じような状況の中で為した告白に劣らず、誠実に罪を告白し、赦しを願った。「そしてサウルは主を拝んだ」（サム上一五31）。この言葉でサウルが決定的な罪を犯した話は結ばれている。

サウルはダビデの来たりつつある正しい王国について大変よく知っている。サウルはダビデを迫害し殺そうとすることによって、不本意ながらダビデの王国の証人に、神の最後の意図についての預言者になるのである。あの譲歩的とも言うべき神の裁き（サム上八章）の行為のもとに、神の恵みが隠されている。これを誤認してはならない。神が民のために戦いをなし給うことが、民が意志し、意図しているのと全く違ったものであっても、それが神の意志であり、意図である。民が王を切望することは、かれらのよこしまな心の働きの結果であるからではない。民の心がよこしまであっても、その中で民の声は神の声である。ただかれらが、神が欲せられ、かれらのために定め給うた王と王制とは全く違った人間的な王を切望すること、そのことがかれらのよこしまであることの証左であり、かれらはその人間的な切望によって神を捨てるのである。かれらは神の王国とは区別される人間的王国の樹立を求めたのである。サウルはそのようにして民自身の選びによる人間

である。

（王）であった。しかし昔のカインのように敵からの殺意から守られ、自らの道を進むのである。

サムエル記の歴史記述は、結局サウルが王であることを終始全くの失敗とは見ていない。むしろそれなりの仕方でその民に対し神が恵みを示されたこととして理解したように見える。イスラエルは神の赦しの思想に従って、このサウル王の姿において、自分たちが望んでいたのとは全く別の何か、王制の善を与えられたのである。しかしサウルの形姿が影の中に立っていること、あの光の中に立っているよりも、もっと深く影の中に立っていることは否定できない。明らかに実際には、サウルはかれに授けられた可能性を正しく用いることから排除されている。サウルはただ、正しい王ダビデに代わって場所を占める代理者でしかありえず、結局滅びなければならず、またこの滅びを初めから自分自身で準備しなければならない。これは自明であり、必然的でもある。

神の恵みの啓示は、罪に対する神の裁きなしには起こらない。サウルはペリシテ人との戦いの前になすべき燔祭を捧げず、更にアマレク人たちを滅ぼしつくせという命令を不完全にしか行わず、神に捨てられた。かれは主のことばを捨てたのである。しかしサウルの極微な罪と、王としてかれが捨てられることとの間の対照は、聖書の伝承の中では、ダビデの血なまぐさい罪と、かれの選びの確固とした姿との間の対照と同様、意識的に明らかにされている。サムエル記上八章の民の、サムエルへの、したがって神への「いいえ」は、神によって任命された王権の「然り」が啓示されることによって打ち破られねばならない。それを表示するためにサウルは王にならねばならない。それ故、粗野な、だれの眼にも明らかなサウルの個人的な諸々の罪は特に問題にされないのである。

人間の眼には極微な、しかし神の目の前では巨大な、決定的な、神の言葉を捨てる罪が問題である。この罪深い、負い目のある、罰せられたイスラエルの王の人格として、サウルは旧約聖書にとって徹頭徹尾欠かすことができない。かれがいなければダビデもありえない。次に、このダビデに特有なあり方に眼を向けよう。

ダビデにおいても二重の性格に注意を払わねばならない。サウルがはっきりと一義的に闇の産物ではないように、かれも一義的に光の形姿ではない。サウルがダビデ的側面を持つように、ダビデもサウル的側面を持つのである。これら二つの、あれほど鋭く異なったそれぞれの形姿の中で旧約聖書が我々にこの全体像を通して示そうとしていることを見て取るためには、二かける二、すなわち四つの形姿を見て取らなければならない。ダビデは最初から終わりまでサウルなしにはありえない。ダビデはサウルのように民の理想ではない。ダビデの王権に特徴的なことは、しばらくのあいだ民の人間的な眼からは隠されているということである。ここにヤコブの抜擢が繰り返される。ダビデはエッサイの末の子、羊飼いの少年である。その低さがかれをイスラエルの牧者にしたのである。

ダビデはその王としての全生涯に亘《わた》って神から油を注がれたサウルへの崇敬の念を抱いた。ダビデは人間からの確認を求めず、ただ神よりの確認を求めた。主がかれと共にいますということが、かれの選びの最も単純で、最も完全な表現である。低められるが故にこそ、かれは高められるのである。しかしダビデも伝承の主旋律によれば、「まだ……ない」のもとに立っている。サウルの王国にとっての特徴も「まだ……ない」であった。ダビデもサウルと共に結局はただ、かれによって証しされた神の恵みの王国の模像および模写なのである。

ダビデの形姿は預言者ナタンのあの任命と約束の言葉（サム下七章）によってこそ、客観的に、その委任とそのもろもろの可能性という点で限界づけられた形姿に過ぎず、ダビデは決して求められた唯一者ではないことが分かる。主はあなたを大いなるものとし、主の家を建てるであろうと言われる（同）。しかし実際に主の家（神殿）を建てるのはダビデの子ソロモンである。その約束はダビデを越えて、遥か先に備えられる神の高所を指し示す。約束の頂点はダビデ自身から目をそらせる。それがダビデの形姿が暫時的で比喩的でしかないことを表示する。しかしソロモンがあの約束の成就でないことは明らかである。

ダビデがバテシバに行った罪は個人的非行である姦淫罪として責められている。しかし罪の根本は主を侮ったという点にある。サウルとダビデの罪は事実、同じ性質のものであった。同じ罪深い民の罪深さの徴表であった。そのようなダビデの選び（抜擢）は、かれがそのような罪人であるにもかかわらず、神の意志、神の恵みの意志の証人とされるということである。かれが倒れるか立つか、ということは神の意志にかかっている。決してかれは人間的なもろもろの欠点の故に倒れるのではない。人間の選びは神の事柄である。そしてその限りかれの事柄である。したがってダビデの選びはあくまで変わらない。それ故にダビデはサウルと違って光の形姿であり、あくまでそうあり続ける。しかしサウルにも神の奉仕からの解雇ということはない。それは取り去られず、サウル自身でもそれを取り去ることはできない。それがかれの選びの力である。

右に述べたように民の歴史はそれとしては消えてしまい、今や王たちの歴史となる。第一にサウル、それからダビデの、それからエルサレムとサマリヤの王たちの歴史の中で存続する。それと共に歴史記述の視線が今やシロ（異教的聖所）から精力的に南方（南ユダ、そしてエルサレム）に向けられるということ、他方においてヨルダンの河口とペリシテの東の国の境にいたる地域（北イスラエル、そしてサマリヤ）に向けられるということである。前者はダビデの系統であり、後者はサウルの系統である。そのあり方、それへの意図は最高に曖昧である。レビ記一四章と一六章、および創世記の父祖たちの歴史におけるのと全く似た仕方で、事柄（ザッヘ）の曖昧さと、この歴史上の事柄の単一性に関する曖昧さから成り立っている。ダビデの家系からの最後の王エホヤキン（ヨヤキン）は列王記下二五章27節以下によれば、バビロンの王の食卓に、それに対しサウルの最後の子どもメリバアル（メフィボシェト）はサムエル記下九章10節以下によればダビデの食卓に与《あずか》るのである。さらに旧約聖書のテキストがある程度の形を成した世紀（紀元前四世紀）には、エルサレムにいかなる王もいなかったのである。

サムエル書の内容は捕囚後の教団（宗教的共同体）にとって建徳的でありえただろうか。そこではサウルとダビデの区別は均等にならされてしまったのであろうか。イスラエルの王制の歴史全体は唯一の誤謬の歴史ではなかったのか。イスラエルの王たちの現実存在が神の意志であるということを捕囚後の教団（神の民）はこれらのテキストから確実さをもって引き出すことはできなかった。かれらは旧約聖書の謎の前に立って、これらのテキストを、ただ啓示のテキストとしてただ終末論的にだけ、つまり預言としてだけ読み、理解することができただけである。

ではそれは誰に対する、何に対する、預言であるであろうか。それが大いなる曖昧さである。この問いに対して新約聖書の答え（使二25以下）は標準的であり、正しいのであろうか。その答えはパウロの説教の中にも見出される（同一三34以下）。

ここで私たちは、旧約テキストの釈義自体から決して答えは得られないことを知る。過去の正統主義者たちは答えを得られる、それらのテキストからイエス・キリストを証明できる、と考えたが、それはバルトによれば不可能で、それらがイエス・キリストの預言であることは、ただ新約のイエス・キリストの生と十字架と復活の福音の前に立って信仰をもってその前にひれ伏し、それを認識し決断することによる以外にはなされえない。これらは釈義の問いではなく信仰の問いの事柄である。

イエス・キリストにおいては旧約の様々な選びの記述における光と影の両者、また一人一人の中における光と影、合わせて四つの姿と行為が一つとなって、しかもそれらの究極的な姿で存在し、そして究極的に成就されている。イエス・キリストの王制は卓越した歴史的な出来事として、時間の終わり（終末論）と共に、それ自身の中で完結されて、永遠の王制であるであろう。旧約聖書は捕囚前の預言者の群れの中で草稿が作られ、書き下され、その中でそれらの聖書本文が捕囚後まとめられ、編纂されたであろう。人はそれらの聖書本文を使徒たちと共にキリスト教的な驚異の念の中で読む。

4　預言者の選び（列王記上一三章―下二三章）

バルトは旧約聖書の神の区別する選びについて、三番目に列王記上一三章を取り上げる（同書、一六三―一九二頁）。そこではユダ（ダビデの系統）からの「神の人」と、北イスラエルのヤロブアム一世（サウルの系統）の時代のベテル（異教的聖所）で年老いた預言者だった人についての物語が記されている。このテキストには、一方において本来的な神の人と職業的な預言者の関係についての、他方においてユダとイスラエルの関係についての、反省的考察と認識が反映している。

第一部（1―5節）においては神の人が神の命によってあの祭儀（ベテルでの）に対する神の裁きの預言を語るためにベテルの聖所にやってきたことを語る。エルサレムでの祭儀と結びつかないベテルでの異教的祭儀が北イスラエルのヤロブアム王によって企てられたことへの厳しい裁きの宣告である。神の人は祭壇で激しい神の怒りを伝える。

しかし第二部（6—10節）では神の人とヤロブアムとの対立の一時的緩和が語られる。すなわちヤロブアム王は神に妥協を許してもらえるように神の人に頼み、神の人を自分の家に招いて賜物を供したいと申し出る。ヤロブアムは神の人に対し、「何もそんなに対立し争う必要はないではないか。エルサレムもベテルも仲良くし、そして助け合い、互いに補い合って立派なものをつくっていこうではないか」と巧みに誘うのである。しかしこれは極めて危険な誘惑だった。神の人は神の言葉に従って断乎として拒否した。

しかし本当の争い、葛藤そのものは第三部（11—19節）において明らかになる。それはベテルに住んでいるひとりの老預言者によってもたらされた。彼はユダから来た人と違って、王の言いなりになる職業的預言者であった。かれはユダからの神の人との妥協が成立しなければヤロブアム王の立場はなくなり、かれの意図は、やり方は根底から崩れると明察した。かれはどうしても王を助けようとし、そうしなければヤロブアムの意図、すなわちかれの目的とする国のあり方が崩壊すると考え、どうしても王を助けようとした。そしてかれは王の持っていない、より深い手段、つまり預言者なるが故に有する神の言葉という手段を用いることを思いつくのである。かれは神の人を追いかけて行き、神の人に追いついた。そしてヤロブアムと同じように、「引き返し、自分の家に来てほしい。そして一緒に食事をしてほしいと懇願した。言うまでもなく神の人ははっきりと断った。老預言者は言った「わたしもあなたと同じ預言者です」と。そして次の偽りの言葉を語った。「天の使いが主の命によってわたしに告げて『その人を一緒に家に連れ帰り、パンを食べさせ、水を飲ませよ』と言いました」と。ここでユダからの神の人の心は根本的に動揺した。神の人は彼への主の言葉とは別な主の言葉に相対したからである。

ベテルの祭壇をおびやかす脅嚇は、それと同時により大きな北イスラエルに対する脅かしは、ダビデとその家の者だけが支配する唯一の主権とは、結局ただ、一時的な真理であり、啓示だったのだろうか。北イスラエルと南ユダの交わりのあのしるしを打ち立てることが、結局、適当なことだったのだろうか。ベテルの老預言者の口から語られる「主の言葉」は、はっきりと「そうだ」と言っている。ユダからの神の人は老預言者が語る主の言葉を肯定的に受け取った。そこでかれは一緒に引き返し、その家でパンを食べ、水を飲んだ。ここでユダからの神の人(預言者)は、かれの性格の弱さに屈したのではなく、無気味な事実に屈したのである。不気味な事実とは、あの退け棄てられた領域の中でも事実預言者が存在し、そこで預言者に対する新しい神の言葉の可能性が事実上成り立っていることである。かれは自分に与えられた神の言葉に疑いを持ち、自らへの神の言葉を捨てた。

第四部（20―26節）が最大の驚きを、記述の第二のクライマックスをもたらす。つまり急に嘘から真になるのである。「彼らが食卓に着いていたとき、神の人を連れ戻した預言者に主の言葉が臨んだ」。かれはユダからの神の人に向かって大声で叫んだ。「主はこう言われる。『あなたは主の命令に逆らい、あなたの神、主が授けた戒めを守らず、引き返して来て、パンを食べるな、水を飲むなと命じられていた所でパンを食べ、水を飲んだので、あなたのなきがらは先祖の墓には入れられない』」（21―22節）と。そしてその通りになるのである。神はこの偽りの預言者に言葉を与え、かれを用いられる。神は御自身の言葉を達成していくのに、偽りの預言者を用いることがおできになるという驚くべき可能性が実現する。今や正しい預言者、ユダからの神の人の役割と、偽りの、誘惑者たるベテルの預言者の役割が取り替えられる。前に真理を語っていた者が、今や虚言者の口から主の言葉を聞かなければならない。しかしかれ（神の人）が語ったベテルの祭壇への裁きの言葉はあくまで有効であり、それが今や神の人自身に対して向けられる。ベテルの偽りの預言者は今や神の言葉を語り、神の御業の遂行の道具となる。しかし結局ベテルと北イスラエルへの脅かしと裁きは究極まで遂行される――神の意志はただ一つであり、いかなる事情が起ころうと決して変わらない。そのことを偽りの預言者自身はよく分かっている。

偽りの預言者が神の言葉を語った通り、ユダからの神の人は帰途、獅子に襲われ死ぬ。しかし獅子はかれを食い尽くすことはしない。それを聞いたとき偽りの預言者は大急ぎで神の人を追い、その死体を引き取り、その骨を自分の墓の中に葬るのである。なぜか、神の裁きが必ず自己が身に及ぶことをかれは知り、自分の骨をこの神の人の骨と並べて葬ることで、神の裁きから免れたいためである。

この結論がこの物語、第五部（27―32節）の第三の頂点である。ということはこの物語の本格的な結びは列王記下二三章15―20節ということになる。そこではヨシヤ王（ユダの）によってベテルの異教的祭儀、その場所である聖所は完全に打ち砕かれる。ただその際、かれは神の人の骨と共に偽りの預言者の骨にも手をつけない。神の人は裁かれて死んだが、その骨は保護された。かれは徹底的な裁きに陥らなかった。この預言者の選びの記述においても、ユダとイスラエルの王、ヤロブアムとヨシヤが共に必要であり、歴史にユダからの神の人とベテルの老預言者の二人が必要とされている。ここでも選ばれたものと捨てられたもの、そして両者、双方における光と影の両面が複雑にからみ合っており、それらの統合が目指されている。それらの記述自身は謎なのである。

この預言者の選びの物語において、ベテルの年とった預言者は真の預言者を誘惑して神の言葉を捨てさせる最も悪しきもの、悪魔的誘惑者である。これがかれの影の面であるが、しかもかれにも光の面、積極的な面が欠けてはいない。その最大のものは、かれがヤロブアムと北イスラエルへの神の裁きに時間を与えるという、神の忍耐を指し示していることである。ベテルは、またその後もサマリヤはまた神の忍耐のこのしるしの下に立っている。サマリヤは北イスラエル滅亡後のある意味での後継者である。それだけではない。この悪しきベテルの預言者について、この恐るべき罪人、歴史のこの本来的な悪魔が、歴史の進行の中で神の現実の言葉と神の実在の担い手となるということである。神の意志、神の言葉は人の側にいかなる変化、間違い、偽りがあろうとも貫徹される。神御自身の事柄（ザッヘ）は決して変えられない。変わらないのである。これをバルトは深く鋭く指摘している。

　神は、まさに神とその民の間の恵みの契約の実体（Substanz）であり給う。この実体は、たとえそれがどんなに、邪道に導く者と邪道に導かれた者を通して、すなわちイスラエルとユダ自身を通して、攻撃されるとしても、この実体そのものは攻撃されえない。ここにバルト神学の中心点がある。この記述において選ばれた者と捨てられた者の両者が光と影として共属し、更にこの両者のそれぞれも光と影の両面をもっている。この両面は互いに相対立して立っており、また相互に証しし合い、補い合っている。それらは神の一つの意志について語る。全イスラエルは分裂にまで至らなければならないが、結局それらは自分自身を越えて終末論的真理として神の意志の単一性（統一性）をさし示す。したがって南のユダは北のイスラエルに対し神の言葉を伝えるべき委任を委ねられている。

正しいイスラエルと偽りのイスラエルの間の実際の交わりは、それらが互いに何らかの平和を結ぶ（つまり妥協する）ことから成り立っておらず、むしろ正しいイスラエルが偽りのイスラエルに向かって神の言葉を語るということによって成り立っている。偽りのイスラエルの存在は、従って、正しいイスラエルと偽りのイスラエルの交わりは、鋭い危険を意味している。このことは現在のキリスト信仰者と非信仰者（この世）との関係についても同様である。つまり両者を一つに結びつける力はただ、神によって命じられた愛だけが持っている。この愛がなければ、愛による宣教と証しがなければ、そこに残るものはただ敵意だけだろう。

最後に残る墓と両者の骨の保存は、我々の神の言葉はとこしえに変わることはないということを語ろうとしている。この墓が指している一人の方も確かに死に葬られたが、しかし三日目に死人の中から神の力によって甦らされた。その方をこの歴史（王上一三—王下二四）も指し示している。遺骨としてしばらく残る両方の預言者、両方のイスラエルはその中で、十字架と復活で生きる。

三　光と影

1　キリスト者のあり方

選ばれた私たち、信仰者は最後まで信仰を守られ、救われるのだろうか。救いは確実なのだろうか。その保証がイエス・キリストである。イエス・キリストは唯一の選ばれた人であると共に選び主でもありたもう。イエス・キリストの選びは唯一絶対的な神（三位一体の）の意志である。そのイエス・キリストにおいて神は人を愛する故に自ら人（罪人）となり、己を裁き、自己を犠牲とされた。それが十字架であり、復活は神の意志の勝利である。私たちはこのイエス・キリストの選びの中で、その選びと共に選ばれている。この神の意志は変わらない。

神は人間を、ここでは選ばれた人間を、徹底的に愛し給う。人間の選び、救いは徹底的な恵みであり、人間の側に神に対して持ち出し、神の前に主張できるものは全く何もない。選ばれた人間はそのようなものである。だから当然、選ばれた光はその影を伴っている。

しかしそれは神の決定の意志の中に基礎づけられた影である（神論Ⅱ／1、二一九―二二〇頁）。

神は、そしてイエス・キリストは私たち選ばれた罪人を愛し給う。それがイエス・キリストの甦りの意味であり、そして私たちへのイエス・キリストの祈り、ペテロのためにイエスが祈り給うたような祈りである（同書、二二六頁）。イエスを信じることは、イエスの甦りと祈りを念頭に置き、またそれを心の中に持つことを意味している。そしてまさにそのことが選ばれてあることを意味している（同書、二二七頁）。私たちが神とイエス・キリストを捨てるよう試みようと、神とイエス・キリストは決して捨て給わない。それ故、私たちも捨てることはできないのである。

それは私たちの信仰をいいかげんなものにするだろうか。そうではなく、むしろ神の憐れみ、赦しを追い求める心を与えるであろう。神の赦しは裁きを、愛は怒りを含むものである。神は決して悪を許容されない。この悪が、神の愛と恵み、信仰者による光への証しとなる限り、悪を許容し給う（同書、三〇八頁）。このことは楽観主義とは何の関係もない（同書、三一六頁）。裁きは必要である。裁きはある。しかし神の裁きはこの世の裁きと同一ではない。恵みに基づいた裁きである。裁きを通し悔い改めに導き、神の愛とゆるしと感謝に心を向けしめる裁きである。

2　教会とこの世

選ばれた者と捨てられた者の問題に移りたい。選ばれた者（信仰者、教会の構成員）と信じない、従って神に逆らうこの世の大衆との関係が問われる。もし教会とその構成者（信徒）が教会員、信仰者でない隣人たちに対して共にではなく自分ひとりでいることができると思い込むとすれば、それ自身が神への反逆であり、神の意志の否定である（神論Ⅱ／2、二〇頁）。なぜなら神は人の悪を憎むが、その悪と罪の帰結たる徹底的裁きと捨去ること、悪魔の手に委ねてしまうことをすべての人から取り除き、ただ一人の御子イエス・キリストの上にのみ置き給うたからである（同書、二二頁）。神は自ら罪人となることによって自己自身を犠牲にされた。それ故、悪魔とカオス（虚無）に落とし入れられた者はイエス・キリスト以外誰一人としていない。それ故、捨てられた者（不信仰者）はあくまで創造と保護の恵みに与っている。またそのようなものとして永遠の神的契約の領域に立っている。神の愛はかれに対しても、憐れみ深い神であり続ける。

人は神の恵みの故にこそ存在する。同時に神はかれに、自己自身に基づく存在を許し給わない。かれは神の欲し給わないということにおいてのみ、すなわち非本来的にのみ存在を許されており、自己自身の存在を持たない（同書、二六九頁）。

しかし捨てられた者は選ばれた者の中に、並んで存在するのではないが、選ばれた者と共に存在するのである。光に対する影として（同書、二七一頁）。かれは捨てられた者である。しかしそれも、神によって規定された限界の内部でのことである。それ故、神に選ばれ愛せられた唯一人の者イエス・キリストの現実存在の中に、かれは選ばれた信仰者と共にとり上げられて存在する（同書、二七三―二七四頁）。かれに対しては、いかなる逗留、いかなる安らぎ、堅固な自己固定化をも許さない。選ばれた者がイエス・キリストの恵みの光の証人とされているように、捨てられた者も、誤った形であるが、神の自己犠牲による救いをかれなりに証しする（同書、二七六―二七七頁）。

光に影は必要である。また影に光は必要である。捨てられた者は選ばれた者に相対立して立つと共に、共に補い合う者でもある（同書、二八〇―二八一頁）。それ故、選ばれた者は自分たちだけが選ばれ、救われると考えてはならない。不信仰者、捨てられた者がいつか救われることを、かれらはキリスト者の予備軍であると認め、自己をかれらと同じ反神者、罪人にすぎないことを認め、そしてかれらにイエス・キリストを証しし、かれらに宣教しなければならない。それが信仰者、そして教会の使命であり責任である。また不信仰者たちとの交わりはそれ自身に、妥協という深い危険があることをしっかりと自覚していなければならない。右に述べた旧約の諸々の個人の選びの記述はそのことを明瞭に語っている。

結　論

以上述べてきた選びの問題は決してそれだけで完結する論議ではなく、一切を神の業に帰し、それに基かしめるバルト神学の独特の根源、出発点から出てきたものである。根源は「イエスは主である」という信仰告白である。これが旧新約を通じての中心的信仰告白なのである。それからバルトは出発し、この「信仰告白」そのものを神の神学、そして信仰とした。他の近代神学者がある意味ですべてカントから出発しており、その意味で人間論から出発しているのに反し、バルトはカントの人間理性からの人間論的追求を否定し、そこに神の死を見たヘーゲルの神の精神、すなわち絶対精神から出発した。バルトはヘーゲルの決定的偉大さを見抜き、同時にそこにこそヘーゲルの最大の欠陥をも見た。ヘーゲルの神、絶対精神は言い換えれば人間精神であるから、ヘーゲル哲学は徹底的に人間を神とする哲学であると。しかしバルトはヘーゲルのカント批判の偉大さを鋭くとらえた。バルトはヘーゲルの方法に間接的に従ったのである。神学は一切神自身から、神の業から出発すべきである、と。バルトはヘーゲルからではなく、ただ「イエスは主なり」の信仰告白から出発する。
なぜか？　それはこのキリスト論が三位一体論と同じだからである、言い換えれば神が自分を救いえない人間を罪と死から救い出すため、ご自身を犠牲にして人（罪人）となり、十字架にかかり、ご自身を裁きの対象とされたという。神の言葉を語る父なる神と、神の言葉それ自身である子なる神イエス・キリスト（その存在、態度、十字架の死、復活）、この二千年前の神の言葉と神の業、それらを今ここで私の主体に成就される聖霊なる神。それが三一神である。

　では一切は神の業であって、人間は機械的に神の道具にすぎないのであろうか。それは全く違う。この選ばれる人間は、イエス・キリストの中に含まれた人間として特別の人間であり、神に語りかけられる人間なのである。この人間は、決して単なる個人主義的人間ではない。かれは神に語りかけられて、それに答えねばならず、答える力を与えられた人間である。かれはここではじめて語りかけられて答えるという主体となり、人間となるのである。この「イエスは主なり」の神の業、これを離れて人間は主体とはならない。一人の人間として真に生きない。これが選びということでもある。

　神は人間と世界を超越し人間から近づきえず、ただ神から人間に語りかけられるのであるが、この神に語りかけられそれぞれに答えたたった一人の人、これがイエス・キリストである。かれのみが神に選ばれ、そして誇られ、ご自身は無実であるにもかかわらず罪人への徹底的裁きをご自分の身に受けた。キリストの無罪性とは何であるか。それは決して抽象的にして絶対的な無垢・善良・有徳などではない。かれの無罪性とは罪そのものからの、すべての罪の根底からの自由である（和解論Ｉ／２、一八七頁）。

このイエス・キリストにおける神の裁きは何かに基づく裁きでなく、神の裁きであり、最後の裁きである。それによってすべての罪人への徹底的裁きは除かれた。そして二千年前のイエス・キリストの十字架の裁きと赦しの唯一の神の業におけるイエス・キリストの父なる神への徹底的服従、神の語りかけへの正しい答えが、具象的現実的に万人に成就するのが終末、つまり世の終わりなのである。だから三一の神の永遠の決断とイエス・キリストの出来事と私たち一人ひとりの今、ここでの聖霊による救いという過去のイエス・キリストの出来事の私たちへの主体化、そして終末の神の国は神において同時的なのである。人間は時間を失い、過去を過去とし、未来を未来とする「現在」を持たないが、今やイエス・キリストご自身が私たちの「現在」となり、私たちは過去から現在を通って未来へ向かう時間を持つことになる。つまり生かされた人間となる。これが選びということである。

補遺

以上、バルトについて語ってきたが、フォン・ラートにもバルトにも影響を与えたであろうマックス・ヴェーバーは、その名著『古代ユダヤ教』において、他の旧約学者の持たない社会経済史的見地よりの旧約理解を行っている。少なくとも本論におけるバルトにはそのような検討は見られない。この点も別の機会に論じてみたい。

またそれと共にバルトでは少なくとも本論文に関しては綿密な資料批判はない。並木浩一氏は旧約聖書の徹底的な資料批判研究を行っている。その結果、バルトと同じく、旧約記述の現在の形の基本は最後的に捕囚後に作られたとしながら、それだけではなく律法書、歴史書、預言書の多くの部分が申命記と申命記的歴史家の極めて強い影響下に作られ、かつ編集されたと推測する。ヤハウィストは古い時代にその原型があり、それに基づいて捕囚後改訂されたのでなく、ヤハウィスト自身は捕囚後の人物であり、ヨブ記作者との強い類似から見て、ヨブ記と接近した時代に活動したという結論に達した。これは驚くべき重大な考察であり、深刻な結果を伴うだろう。私はその是非を真正面から問う能力を持っていない。しかしいずれ私なりにその問題を問わなければならないだろう。

第四章　私たちはどのように生きており、また生きるべきか

一　序　論

1　人間とは何か

一体人間とは何であろうか。私たちは自分を何と考えて生きているのだろうか。この世には分子、原子などといった何億倍しなければ私たちの眼に見えないものから、太陽系の何億倍もするような想像を絶した星雲の如きものもあり、そこからの光が私たちの眼に届くまで百億光年もかかるという、考えることさえむずかしい天体も存在するのである。その微細な世界と巨大な世界の中間とでもいった所に人間は存在し生きている。また人間が存在するようになった時間はコスモス（宇宙）が成立に要した巨大な年月のごく最近のひとこまに過ぎないのだとすれば、キリスト教でいう神とか人を特別に創ったなどというようなことは全くどうでもよいようなことではないだろうか。

キリスト教をそのように無視し、あざける人が随分いるのである。それに対して、私たちはどう答えればよいのであろうか。こうした批判者が全く誤解している一つの点は、どんな膨大な空間も時間もあくまで有限であって、それらをどんなに引き延ばしても時間は永遠にならず、空間は無限にならないということである。その間には徹底的に超えられない違いがある。だから神を考えるなど愚かだというなら、そう思う人自身が全く愚かなのではないか。その神がイエス・キリストにおいて人となったなどとは、それら批判者にはパウロがいうようにユダヤ人には躓き、ギリシャ人には愚かなのである。私たちはかれらの意味なき批判から眼を離して、神と人、永遠と時間、有限と無限の質的相違という厳粛な事実からはじめよう。進化論を徹底すれば人は神（完全な人）になれるはずであるが、人は相変わらず人（何万年、何百万年前と同じく）にすぎないのであるし、マルクスによれば人は完全な幸せになるはずであるが、この世はますます不幸になっている。問題はこうした点にある。なぜか。どうしたらよいのか。まず第一に、そもそも神など存在するのか。

もし神が存在するとしても、どうしたら分かるのか。多くの人は言うだろう。「たぶん神は存在する。この宇宙を見てみよ。高い山に登れば広大な世界が見える。この広大にして美しい自然をみればそれを創ったものがいると考えざるをえないだろう。そして反対に微小世界を見よ。やっと眼に見えるような微生物や昆虫にも眼があり、手足があり、胃腸があり、爪まで揃っている。神がいなければどうしてこのような驚くべき微小世界があるのか」と。しかしそういえば無神論者は言うだろう。「馬鹿言え。そんならこの世になぜバイ菌や病気や台風や、それ以上に不公平があるのか。なぜある人はガンになり、ある人は生涯健康なのか。なぜある人はホームレスの子に生まれ、他の人は金持ちに生まれるのか。神がいればそんな不条理はあるはずがない」と。どちらも本当だろう。しかしどちらからも神はいるともいないとも言えない。ルターはそのどちらも否定し、神は十字架にかけられたイエス・キリストにおいてのみ分かると言った。神はその無力で卑しい姿としてのみ自らを示しておられると。ルターはこの「十字架の神学」という驚くべき道を指し示したのである。

ではキリスト教でいう罪とはどのようなものなのだろうか。あれをした、これをしたということだろうか。たしかに人は醜く、汚れている。それに対し、多くの人は気づき、そして少しでも他人から尊敬され、また他の人々と共にこの世に益となるような人となりたいと思っている。この世には悪い面も善い面もある。では悪とか罪とは何なのだろうか。それはイエス・キリストの十字架においてだけ分かると、パウロやルターは言った。なぜだろうか。人は自分を悪魔とは思わないだろう。悪魔ならどんなことをしても悪いとは思わない。

第二次大戦後、ドイツの多くの信者、神学者は、ヒットラーは悪魔だと言った。しかし、カール・バルトはそれを否定した。「人間はいかなる人も悪魔的になり、悪魔的な行為はしても、悪魔にはならない」と。なぜか。神は決して悪魔をお創りにならなかったからである。悪魔、罪、カオスは神がその存在を欲せられなかったが故に、その存在は神の意志に基礎を持たず、神に欲せられないもの、神にも自分自身にも存在の根拠を持たないものとしてのみ存在する。この悪魔、罪の力から、カオス（混沌）から人を救い出すため神が人を愛し、これを何としても救い出し解放するため自らを犠牲にし、自ら罪人、裁かれるものとなり給うことによって悪魔、罪の力、カオスを打ち滅ぼし、これに打ち勝ち給うた。人は自らの力でこの悪の力から自分を解放できない。人はカオスに取り囲まれ、罪と死に取り囲まれてはいるが、神を捨てること、カオスに打ち負かされてしまうことはありえないと、バルトは言う。

罪とは、罪の根源とは何であろうか。それははじめに語った、神と人、時間と永遠、有限と無限の相違に根付く事柄である。両者の歴然たる相違があるにもかかわらず、人は神になろうとする。それはどういうことだろうか。人を裁きうる方は神のみである。人は自分と隣人を神に代わって裁くことはできない。しかし人はどうしても自らの力で己を裁き、自分が何者であるかを決定し、他人を裁くのである。もちろん裁くことは必要である。いいかげんに見逃すことは間違いである。しかし人は自分と他人が何者であるかを、神に代わって決定することはできない。自分を自己義認し、他人が何か、またどうなるかを決定してはならない。しかし人はそれを実行し、止めることができない。つまり神の御声に聞き従わず、その意味で己を神とするのである。これがいわば罪の根源なのである。イスラエルの歩みがそれを証言する。

2　バルト神学の基礎

だとすれば、バルトは神を、そして人を具体的にどのように見ているのだろうか。そして、どこから神と人との関わり合いを見ているのであろうか。現代人にはそのようなことに何の関心もないだろうが、バルトは神が人となった出来事、イエス・キリストからだけ見ているのである。もちろん他の神学者たちもイエス・キリストから、イエス・キリストによる神の啓示から見ようとしているのであるが、それらは程度の差はあれ、不十分不徹底であった。それに対し、バルトは徹底的であった。

イエス・キリストからということは、旧約創世記の創造論では神とアブラハムとの契約からということである（和解論Ⅰ／２、四頁、五五頁、九五頁）。創世記は神の天地人創造から始まっているが、伝承史はイスラエルの選びから始まっていると見られる。後にヤハウィストと祭司資料だけが、いわゆる原初史（創造物語）を付け加えた。バルトは契約の歴史（救済史）が創造の歴史（世界史）の内的根拠であって、創造の歴史（天地創造→世界歴史）は救済史の外的根拠として契約の歴史の舞台であるから、契約が創造に先立つという、多くの人々や神学者には牽強付会な議論としか思えない主張を敢えて行った。

この、内神的三位一体論と経綸的三位一体論（つまりこの具体的歴史における神の三一性）、二千年前のイスラエルでの神の独り子イエス・キリストと父なる神、そしてキリストの霊である聖霊の三位一体の問題は、経綸的三位一体性とその背後にある三位一体なる神そのものの問題である。これらについては他の論文で引用の場所を提示してあるのでここでは提示しない。ともかくバルトでは内神的三一性と経綸的三一性は同一なのである。しかもそれは同時に、同一ではない。なぜなら内神的三一神においては「永遠の決断」というものがあるがゆえ、神はその本質において全く自由なる愛であり給うたが、その本質から神の永遠の決断がなされるからである。

この「決断」をバルトは徹底的に重視する。その点でバルトの内神的三位一体と経綸的三位一体とは同一にして、しかも完全な同一ではない。その点でバルトはモルトマンと異なる。

ではこの決断とは何であるか。父なる神は子を愛し、子なる神はそれを受け入れ、服従し、父を愛する。その両者をつなぐ愛が聖霊であろう。つまり聖霊における両者相互の肯定と愛なしには、父は父でなく、御子は御子でない。ではこの愛の内実は何であるか。それは三一神の「永遠の決断」において、神はイエス・キリストを選び給うたということである。バルトのこの奇妙な主張は多くの神学者を、そして信徒たちを躓かせた。「イエスはこの歴史の中で二千年前、パレスチナの地で約三十年生きた実在の人間である。それがどうして三一神の永遠の決断の中に存在できるのか」と。当然の疑問である。また、モルトマンは「父なる神が子なる神を選んだのであり、決して神と異質の人間を選んだのではない。ましてや、二千年前の歴史的人物であるイエスを選んだなど愚かしい」と言う。

モルトマンはしかし、バルトの基本である「永遠の決断」を誤解した。バルトによると父が子を愛し、愛の対象として子が選ばれたということは、子なる神を通して三一の神が自己と異質の存在を、神と向かいあえる唯一の被造者たる人間を選んだことである。それは経綸的歴史のはじめにおいて、神がアブラハムを選び、アブラハムを通してイスラエルとイスラエルを通して人類と無償の恵みの契約を結び給うたことに連なっている。この契約は人間の罪によって破られ、虚しくされる。しかし神は神の側でこの契約を破棄され、約束を破られたのであろうか。そうではない。神は契約相手のイスラエル人の最後の一人であるイエスを選び、イエスを通して第二のイスラエルである教会を選び、イエス・キリストの現世での身体である教会を通して私たち教会員一人ひとりを選び、無償の契約を結んで下さったのである。この一切を神はその永遠の決断において決断し給うた。そこで自己と異なる人間を選び、それと無償の愛の契約を結び、その契約の約束の成就であるイエス・キリストを、内神的三一神は永遠の決断において選び給うたのである。

だから人はイエス・キリストの受肉の完成、終極点である十字架（裁きと死）と復活（赦しと生かし）においてのみ神と出会い、神を知ることができる。このように神はイエス・キリストにおいてのみ私たちに出会い、語りかけ給う神であって、抽象的な神とか超越というものは聖書とは無縁である。それが人間に、特に私たち日本人には分からない。神は人を決して必要とされない。ご自身のみで、ご自身の存在を持つ。他方、人間の存在は自分の内に自己の存在の基礎を決して持たない。神の御業、神の自由な愛の本質から出ずる永遠の決断。神の絶対的な誠実さがすべてであって、神の業は一切、人間の側の必要性とか条件とか、補助を必要としない。この徹底的に神中心の神学、これがバルト神学の基礎である。

3　神の人間性

神は何の人間的理由なしに自分独りであろうとはせず、その自由の愛の本質からして人間と共にあろうとされた。そして、それを実行している。そのため人の罪、契約の軽視、否認、破棄にもかかわらず、神の義の故に裁かねばならぬ人間をその罪から救い出すため、己を犠牲にし、自ら罪人となり、裁かれる者となり給うた。しかしそれは神の永遠の決断によって定まっていたことであった。神の永遠は時間と異質であるが、神の自由な愛の本性により、時間を含んでいる。イエス・キリストは人と共に最後まであろうとされた神そのものなのである。このことが神の人間性である。イエス・キリストの時間は私たちの時間と同じであるが、私たちの時間と違って、前時間、超時間、後時間を含んでいる。いわば時間そのものである。

そこで、このイエス・キリストの時に基づけられた、いわゆる「同時性（Gleichzeitig-keit）」の問題が出てくる。一切の歴史、その基礎であり中心である契約の歴史は、神と人との間の歴史であるから、人の創造、堕罪、十字架と復活の裁きと赦し、そして今ここでの私もしくは私たちの救い、終末の神の国、それらはすべて同時的なのである。

それはそれとして、人は神に創造されたとき、神の無償の愛による契約関係におかれている。契約の成就たるイエス・キリストの十字架と復活による神と罪あるこの世と人間との「和解」が歴史の基礎であり中心である。つまり和解は最も根源的な歴史であり、すべての人間の現実存在の第一のそして最も深い前提である（和解論Ｉ／２、四頁、七頁、五五頁）。人はそのように存在せしめられる。人ははじめから、垂直的には神と、そして水平的には隣人と共なる人間性をもっている。この人間（性）に対して神は語りかけ給う。そして人をご自身の似姿として確証し実証するよう呼び出し給う。これが神の義なのである。神が神となり給う。神は徹底的に人と共にあろうとされるのである。この、人と徹底的に共にあろうとされる神がイエス・キリストである。

神の義は人を裁く義ではなく、人と共なる神ご自身の完全な自由なる愛による三一の神の永遠の決断の終末論的な完成、言い換えれば、神が神となり給うこと、それこそが神の義である。

二　生きるとは何か

1　生きるとは向かい合い、交わることである

人は交わる存在である。人が神に生きることを許されているということは、交わることが生きることの根本であり、それが自己の存在の規定であるということである。生きること、真実に交わって生きることのために私は、私たち一人ひとりは、一回限りかけがえのない生を生きている。人は具体的な時と場所と状況においてそのように生きるようにと、契約の神から呼びかけられ、戒めを与えられる。私たちはその語りかけに応答しなければならない。それが人間として生きるということである。しかもこの応答は人間の力ではない。神は応答を命じつつ、人が応答に生きることを許し給う。

そのように神のみがご自身の存在からして存在し、行い、そしてそのようになり給う。人は決してそうではない。人は自分の内（本質）に自分の存在根拠を持っていないので、自分自身から、自分自身に基づいて生きることができない。この点の認識においても、神

絶対中心のバルト神学は正しい。そしてこの点に全く符合するのが、しばしば多くの神学者によってキリストモニズム（キリスト独一主義）と悪評される、「イエスは主なり」の一点から全神学を構成するバルト神学の特異性である。

要するに人間はそれ自身として存在せず、垂直的には神と、水平的には隣人との交わりとして生きる存在である。具体的にはまず、人は常にどこでも人間的な男として、また女として存在する。出会いの中の人間存在は徹底的に相対化された存在である（創造論Ⅳ／2、一二頁）。

2　男と女

したがって人間は、多くの人々が考えやすいように、決して形而上学的な、もしくは絶対的な弁証法的人間といったものではない。その結果、キリスト教倫理学は決していわゆる決疑論的になりえない。人間一般を絶対にしばるロゴス（規則）というものはない。少なくともキリスト教倫理はイデオロギー化、決疑論化できない（創造論Ⅳ／1、一九頁）。神はかけがえのない私、つまり一回限りの人生、そして他の人と取り換えることのできない、具体的な、特定の時、特定の場所、特定の状況、特定の意図の中での私に対して語りかけ給う。
バルトはこの認識に基づいて一般人の最大の関心事である男女の性的関係、特に肉感的性的関係の議論に入っていく。たしかに男女の性的関係は多くの人にとって他の領域にまさった特別の領域と感じられているのではないだろうか。特に肉感的性の問題はキリスト教の最も嫌うものであると感じているのではないであろうか。しかしそこには深い誤解がある。聖書は、そしてその啓示する福音は性そのものを全く罪悪視していない。ただ排他的な、また狭い意味での性の問題を特に考える傾向に対しては、深い警告を発している（Ⅳ／2、三〇頁）。

人間は交わり的存在である。したがって人と人との向かい合いの存在であり、向かい合いに生きるということである。それは部分的な向かい合いではなく、人と人との全体的向かい合いである。男と女の向かい合いも例外ではない。むしろそれは人間の向かい合い存在、人の生きるということの典型として、神の人に対する契約関係の模像というか比喩的とすらいえるような関係である。人はそのように生きることすら許されている。

それ故ここでも神が常に具体的で取り換え得ない、しかも特定の時、場所、状況、願望における私――しかも全体の私――に語りかけられるように、具体的全体的な向かい合い、交わりに生きるのである。だからこの問題においても一般論的、決疑論的、絶対規定的な戒め、倫理は存在しない。倫理的に中立な場というものはない（同書、三〇頁）。男女いずれかにせよ、自分を相手に対して主権者とするような、肉体的な性的あり方と性関係に対しては、神の戒は常に反対するのである。その意味で神の戒めに面して「非悪霊化」が要求される。人間とは身体の精神（魂、心）として霊（神より来たり、身体の精神としての人間全体に語りかけ、人間を人間全体として霊による、肉体の精神として構成する霊）によって本質的に生かされているのである。

それ故、人間におけるそれらの次元と構成要素（霊、精神、身体）のどれも、それだけで独立していない。それらを含む全体なのである。ここから男と女の向かい合い、交わりはあくまで全体的である。神と人、人と人の向かい合い、交わり、それを通しての生きることとはそのようなものである。だから特殊な性問題の絶対視はまちがっている。それからの解放が「非悪魔化」である。またこの領域の「非中心化」であり、そして男と女の領域の絶対化（多くの男と女はそのように考え、生きたがる）からの解放を「非神話化」という。福音はそれらの非神話化、非悪魔化、非中心化の根源的力である（同書、三四―四八頁）。古今東西、何とおびただしい人々が、神話化され、悪魔化され、一切の中心化とされた男女の性の泥沼に陥り、混迷化し、道なくうごめき、苦しんだり、苦しんでいることであろう。

神の戒めに逆らう誘惑はいろいろある。特に今日、それらは著しい。その一つに神から与えられた男と女の両性のそれぞれに特別なあり方を取り換えようという試みがある。バルトは男らしさ、女らしさというものには神の創造の恵みによる深い意味があると考え、それを取り換えようという試みの底に、神への深い不信と逆らいを見ている（同書、七四頁）。

第二の誘惑は、男女両性に優越した性のあり方を求める一つの現代病である。他人の性も自分の性も乗り越えた人間的なもの、つまり抽象的な人間的なもの、男性、女性に対して独自のもの、人間の第三のもの、中性化を目指そうというのである。つまり男女の区別を越えて直ちに決定的に人間的なものを目指す欲望というか、願望である（同書、七九頁）。しかし人は元々創造主にして主なる神によって、神と人、人と人、したがって男と女が向かい合う関係を与えられ、向かい合いと交わりによって生き、そしてより正しく生きるように定められ戒められている。それは恵みと憐れみに満ちた戒めである。男と女の交わりは決して精神的な面ばかりではないからである。同時に身体的、感覚的な面をも含むのである。

しかし、人と人、男と女の向かい合いの関係性にはこの関係の秩序というものがある。それを忘れてはならない。この秩序なしに男の本質と女の本質は成り立たないのである。しかし決して秩序が男と女の関係を作り出すのではない（同書、七二頁、九三頁）。

さて男と女の両者は互いに見合い、お互いについて知り合い、知ろうとすることが大切である。男と女は、砂時計の砂の半分ずつのようなAとAではなく、AとBである。そこに秩序が見出される。しかし、この秩序の戒めに従順か不従順かの行為の内容は変化しうるのである。時と場所と状況と場合によって。つまり絶対に変化しないような規律となるいわゆる決疑論的倫理は男と女の間にはない。このバルトの主張に深く注目しなければならない（同書、九九頁、一〇三頁、一一七頁）。

バルトは男と女の関係を動物的・本能的・感覚的関係から精神的関係に至るまですべての面で見つめ、そして認めているのである。決して肉感的性欲と性関係を否定したり軽んじたりはしていない。

3　結　婚

男と女の向かい合いの関係のすべてが正しく運べば、強い男は女をそのような成人した状態に呼び出し、他方、そのような意味で成人している女は男を一人の強い男であるように呼び出すであろう、とバルトは言う（同書、一一九頁）。それに反し暴君とそれに強制されている関係の場合、暴君の本質を成り立たせているものは、かれらが男と女の間の秩序に奉仕しないで、逆に秩序を自分に奉仕させようとする行為である（同書、二〇〇頁）。そしてバルトは実に深く現実的に見ている。というのは秩序を己に従わせる結果生じる無秩序がまず復讐の対象にするのは女に対してである、と（同書、一二一頁）。つまり弱い男は反逆の女によってますます弱くなり、反逆の女は弱い男によってますます反逆的になる、と。

男女は互いに相手を呼び出し、その関係は当然結婚の問題を呼び出すが、結婚が男と女の向かい合いの関係のすべてではない。ただ結婚は男と女の向かい合いの関係の中で、きわめて重要な要素であり契機である。男と女の出会がもたらす結婚という関係は生活協同である。しかもこの生活共同体は決して部分的なものでなく、完全なものである。しかもそれは当事者双方の自由な決心と行為として、出来事となって起こる。つまりお互いの愛の選びである。

バルトは人の創造、それによって人が生きることを神の召命（ベルーフ）と捉えているが、その中でも結婚は特別な神的召命の事柄であると見ている。そこで神の特別な召命に対する正しい服従であるような結婚は、すべての要素においてこの特別な神的な召命を遂行する結婚となる（同書、一二八―一三二頁）。

ルターは職業を召命（ベルーフ）と呼んだ。神がその職業にその人を召し給うたのである。それをバルトは創造された人の垂直的には神と、水平的には隣人と向かい合って生きる人間の本質のすべてを召命（ベルーフ）と呼んだのである。その中で結婚は人と神の契約関係の模像であり比喩でありうる特別の召命なのである。結婚への召命はそのような生、生きることとの交わりに向かっての召命である故に、その限り、愛以上のものである。この意味で結婚は理性的な結婚であり、正しい結婚を基礎づけ支えている愛は、決して非理性的な愛ではなく理性的な愛である。バルトはこのような観点からのみ結婚を見るのであり、カトリックのように結婚を悔い改め（痛悔）や洗礼などと並ぶ典礼（サクラメント）とは見なさない。

それ故バルトには、法的（教会法的）な離婚の禁止などはない（同書一五八―一五九頁）。きわめて厳しいが同時にきわめて寛大である。バルトは結婚で神の人への契約関係の模像もしくは比喩の面を強調する故に、一夫一婦制を結婚の当然あるべき形と考えているが、その戒めは根本的に恵みに満ちた戒めであり、したがって結婚は律法的な戒めではなく、むしろ贈り物であり、福音であると言っている（同書、一五九―一六〇頁）。しかし結婚は、垂直的には神と水平的には隣人と向かい合って生きる人の本質を示す模範であり典型と捉えられている故に、その意味では根本的に厳しいのである。

バルトによると生きることの交わりとしての結婚は、それ故に、例えば性欲の満足という目的に奉仕させられ従属させられることはできない。また子どもを産んで養育する目的、したがって家族をつくる目的のために奉仕させられ、従属させられることもできない。結婚は双方の側で生きられた自由の中での交わりである。このように交わりに生きるとは、垂直と水平に向かい合って交わるのが人格的生であるという理解は、ヘブライ・キリスト教的伝統に徹底して根を下ろしていることが分かる。日本的生き方、また結婚観と何という違いであろう（同書、一四〇―一四一頁）。

自由の交わり、恵みとしての交わり、そこに私たちはあくまで福音の生を見るであろう。

そしてバルトの徹底した目的を見るであろう。自由であるが故に、男と女は互いに相手に対して、自分を律法にしてしまってはならない。その一つの理由は、男と女は互いに決して完全な仕方で、最後の所まで理解し合うことはできないところにある。男と女とはこのことを互いに告白し、認め合わねばならない（同書、一四六頁）。かれらは「この理解できないもの」を尊敬し合わないのであれば、一つになることはできないだろう。人間ほど不思議な分からないものはない。このような男と女を一つにして下さることは、神の絶大なる力であり、憐れみ恵みではないか。結婚は福音なのであって、律法ではない。この点でバルトとカトリック的結婚観の違いは明白である。

結婚の関係は責任性とあくまで同一であらねばならない。いや、同一であることがまことの自由である。ここでの最重要事は、お互いの道徳的、性格的、審美的、感傷的な価値判断とは何ら関わりがなく、むしろそれらすべてのものを包含し、しかもまたそれを越えているお互い同士の相手（他者）の肯定である。そしてそこから結果として家庭（ホーム）が築かれる（同書、一四八―一四九頁）。その建設が今日の日本に必要な根本課題ではないか。

さらにバルトは言う。この自由は、かれらが結婚したときだけでなく、その後の自由の交わりの中においてずっとあり続けるはずである。そして自由な交わりに男と女が呼び出される意味で、一夫一婦制は恵み深い、男と女が自由に選ぶこと（契約）であり、神の戒めの内容である。そのようにして結婚は、人間的な交わりの他のすべての形に対しての範例的な形として示される。結婚というものの特異な重要性が指摘される。このような、神の人への一方的恵みの契約のたとえとしての結婚観は、福音から生まれ出た驚くべき創造であると言うべきであろう（同書、一六〇頁）。

しかしそれだけに結婚の基礎は人にではなく、神のみにある。したがって、いかなる結婚も、それに関わる男女が、自分の結婚が最も幸福なもので、ここに述べられたことにぴったり当てはまるものだと、自分自身から主張しない方がよいとバルトは強く警告する。自分たちの結婚がそのようなものに当たると確かめることは、人間のなすべき事柄でない。そうでなくかれら結婚がかれらの目には隠された仕方で、神の正しい憐れみ深い判決の中で、真《まこと》なのである。バルトはそれが神中心で福音的だと明確に宣言している。バルトの信仰、神学はまことに大らかで、それだけに厳しい。

しかしこれらの結婚が間違った場合には、人間にはそれが神の裁きであることを信仰に、よって認識する可能性が与えられており、その認識が許されている。

結婚はそれ故、愛以上のものであるが、相互の向き合う交わりの愛とは、そのような恵みの賜物であることをお互いに理解し、お互いを与え合い、願望し合うことが許される自由な決断のことである。二人が愛するとき、すべての人間的に限界づけられ、不確実であることの中で、両方の側でこの自由が出来事となって起こる。この自由に向けて決断することが許される（同書、一九八―二〇〇頁）。ここでバルトはフランスの小説家ポール・クローデルの『人質』という小説での間違った結婚の例を挙げて、それは結婚ではない、と弾劾している。それは神と教会の栄誉のために、彼女にとって全く不快な男の妻となった物語である。バルトは彼女の行為は恥ずべきことをやったに過ぎないと決めつけている。

しかし間違った愛も、神の憐れみにより、より正しい愛にされるのである。つまりバルトは聖化されるエロースを主張している（同書、二〇二頁）。

バルトは単なる恋慕と結婚の愛を区別する。恋慕は「決断」ではなく、ただそのような決断に向かって進んでいるだけである。あるいはそのような決断に向かって進んでいないのかも知れない。これが恋慕と愛との本質的違いである。結婚に至るには愛と、その必然性と責任性を伴った愛の決断だけが必要であると明言している（同書、二〇三―二〇四頁）。先に述べたエロースの聖化、結婚の聖化は神の秘義であり、神の恵みの御業である。

バルトはさらに言う。生きるように、交わるようにとの神の戒めに対しては、決して部分的な服従と不服従というものは存在せず、ただ服従か不服従か一方か、他方かが存在するのみである、と。言うまでもなく、服従か不服従は人間の根拠によらず、それを越えて神の業に根拠を置いたものである。結婚は福音である。ここではただ一つの光が、たった一つだけの中心であるイエス・キリストにあっての神の恵みからして輝き出ずるのである（同書、二二三頁）。

だからバルトは次のように言うことができた。「しかし戒めが要求していることとの無条件性、単一性、全体性と直面して、明らかに、抗弁できない仕方で違反者であり、『姦淫するもの』であるということ――を自分に語らせる人、そのものが誡めを守るのである」（同書、二二五頁）と。何人も免れぬ神の裁きは神の恵みの奇しき裁きであり、それゆえ、戒めを守る人とは、その人が神の慈愛によって悔い改めに導かれ、かれ自身の違反（行為）に対して距離をとり、警戒態勢におかれる人であり、そのこと以上は要求されてはいないと。神の戒めは一般的なこと、ある理念の実現を要求しているものではなく、むしろ具体的な決断、態度のとり方、行為を要求している（同書、二二六頁）。裁く方（神）は単に裁くだけでなく、ただ単に赦すだけでなく、また助け、癒し給う（同書、二四〇頁）。

4　親と子

バルトは、親の子に対する優位性と責任性について、それは決して身体的秩序ではなく歴史的な秩序であると述べている（同書、二四六頁）。もともと神だけが父なのである。しかしその神の父性に対応して人間的な父性が存在することはまさにこの父（神）の恵みなのである、と。バルトは徹底的に神中心なのである（同書、二五〇頁）。

バルトは親を敬うことによって、実は自分は神を敬うように呼び出されているのだと分からせられるように、自分を子どもたちの前に示すことができるような父や母は一人も存在しないと言い切っている（同書、二六八頁）。これは驚くべき言葉である。しかし反面次のようにも言う。すなわち、親になることのできない人はそれなりの苦痛を持ち、それに耐えなければならないのだが、しかしそれ以上ではない。つまり子がないことは不幸だという結論を引き出してはならない（同書、二八九頁）。これは大いなる恵みの言葉である。また親だけではない。すべての年長者は子に対する親と同じような責任をもっている。歴史的優位性と責任性とは、子や年少者に対し年長者や親は自分の人生経験を伝えなければならないということである。しかし、よく親や年長者は「権威」を振りかざすが、それが全く彼ら自身の意志や立場や有利な点の主張だけなら間違っている。しかし人は多くの場合そうなのである。このバルトの見方は深く鋭い（同書、三二五頁）。

5　近い者と遠い者

次に近い者と遠い者の問題に移ろう。まず言語の問題がある。言語の違いはその人の置かれた具体的な状況の違いを意味する。それは言語の違い、場所の違い、つまり一人ひとりの置かれた歴史の違いである。神の人への戒めは、決して一般的なもの、決疑論的イデオロギー的なものではなく、神の人への戒めは、具体的な私という主体に語りかけられるものである。したがって神の戒めはその人を歴史的具体的な状況の中に置く。そのことはそれぞれの民族の歴史はその特殊性の中でも、常に自分を超えて指し示すものであり、それらの具体性、独自性、特殊性の中で、また人類の歴史でもあるのである。すべての民族が自分たちの特別の道を進んでいくのは、ただ一人の神、すべての歴史の主である方の支配と摂理のもとにおいてである。人間と結ばれたその方（神）の契約の歴史、ひとりのイエス・キリストの中で成就され完成された契約の歴史、それこそがすべての歴史の中心であり、またすべての民族の歴史の意味、および目標である（同書、三三三―三五一頁）。バルトはこれ以外の観点からの、これらの民族の違いというものの本質の探求は無益であるとする。これは重大である（同書、三五四頁）。

人はその具体的な民族の言語を頭においても、場所と歴史を念頭においても、それぞれ異なった契機と観点と実際的な目標設定の中においてであるが、しかし原則的には同じ仕方で、歴史、伝統に対する忠実さへ、また逆のリベラルな開放性へと、待つことと急ぐことへと、保守的な態度と急進的な態度へと、人々を呼び出す。このような両方向を持つ共通性を人は念頭に置くことができるとバルトは考える（同書、三五四—三五五頁）。深い歴史洞察眼力であり、極めて興味深い。

近い者と遠い者の向かい合いは流動的であり、そこには特別の戒めも、いかなる特別な服従といったものもない。すべては流動的、可変的なのである（同書、三五五—三六三頁）。絶対的な戒め、またそれへの服従は神から具体的個人主体へのもの、神の人への無償の契約とその約束への神の誠意と約束の成就（イエス・キリストにおける）に基づくもののみである。だから、民族の違いという摂理による定めに従うのでなく、神の絶対的な戒めに従うことが根本なのである。これは創造の内的根拠たる救済を主張するバルト独特の見方である。摂理（創造の秩序）による定めはいかなる命令も含まず、摂理による定めは決して人間の恒常的な定めではない。

三　生への畏敬の問題

1　シュヴァイツアーの哲学

アルベルト・シュヴァイツアーの倫理学は生への畏敬の哲学であり、生そのものがかれにとって神聖である（創造論Ⅳ／3、五七頁）。かれの倫理学で生が占めている場所に、バルトでは神の人への無償の契約に基づく神の戒めが立っている。

人間を人間として成り立たせているものは、神へ向かう垂直の次元と、隣人に向かう水平の次元の中でのかれの存在である。そのような向かい合いに基づいて、この人間の定めに対応しつつ、この生き物としてそこに存在しているのである（同書、四―五頁）。その生の実在性と独立性の中でのかれの存在は、そのままその人に属しているのでなく、かれに向かって語りかけ給う方（神）の自由な善意を通してかれに委託されているのである。神のみが自主独立であり、全くご自身からご自身に属してい給うのであり、ご自身の中で、ご自身からして生き給う。人はそうではない（同書、一六頁）。人の生はあくまで貸与されたものである。したがって神が人の理性に語りかけ給う保証も決して人の理性の中にあるのではないと、デカルトを否定する。その保証は神が人のもとで聴従と服従を見出すことを期待し給うことの内にある（同書、一二頁）。神の言葉は決して人間一般にでなく、かけがえのない具体的主体たる私に語りかけられる。そしてそれに対する、あくまで具体的現実的な、その都度の聴従と服従を要求し給うのである。

その中でのもう一つの定めは、つまり人間の具体的存在のもう一つの定めは、人が自由に向かって定められているということである（同書、一八頁）。この自由はどちらかを選ぶ自由でなく、神の戒めに従う自由であり、それは人の行動の根底であると共に目標でもある。そのように人間的な生きることは神の人への無償の契約に基づく人間的な生きることの本質から成り立っている。神の戒めは人間を神の前での自由と隣人との交わりの自由へと呼び出すと共に、単純に存在することそのものへの自由に向かって呼び出す（同書、一八―二四頁）。人間は生きるべきなのである。

しかし注意すべきことに、神の命令は決して無条件に生きようと欲すべきだという命令ではない。神は単に生命の主であり給うのみではなく、また死に対しても主であり給うからである。人間は神から生を受け取って生きることができるだけである。つまり生きることが許されている。それは神的な恵みの奇跡である。シュヴァイツアーが考えているように生そのものから、生きよ、生き畏敬せよというような強制や要求は出て来ないのである。生きることそれ自体は自分に対してそのような尊重を与えはしない（同書、三四頁）。バルトの主張がいかにラディカルであり、福音という神と人との関係そのものから徹底的全面的に論を引き出し論じているかが分かるだろう。そのような神学者は他にはいない。

人が生きることを許されてのみ生きること自体が、畏敬されるのである。だからよく言われるような、人間を利己主義と利他主義という対立にはめ込んで解決しようとすることも間違いであり、偽りの対立である。神によって命じられた戒めは、そのような一定の原則による硬直した原理にされてはならない。決疑論的倫理はバルトの倫理にはない。神は具体的な時と場所と歴史の中で、取り換えることのできない一回限り生き行為する私という主体に、具体的に語りかける。それが私にとっての一切である（同書、三九―四三頁）。だから生きることへの畏敬として命じられていることでのすべては絶対化されることなく、相対的である。命じ給う神の自由を顧慮することは、われわれの生きることの限界の認識として必要である。しかしこのような必要にして正しい限界の認識には、私たち人間の不服従、違反からは決して到着できず、神の語りかけへの服従の中でだけ可能とされる（同書、四三―四四頁)。神の戒めの絶対性、徹底性は神の自由を含むのである。これは神の不変性と可変性の問題に関わりを持つが、ここでは扱わない。

2 生きる願望について

生きようとすることには、まず身体的動物的衝動がある。飢えと愛と休息がそれである。そうした人間の本能の生は、より人間的であるに応じて、より自由であり、神の戒めに対応する。それは単に生きることが許されるというだけでなく、生きられるべきである。それについて動物を殺すということは、それが神の許しをもち、神の戒めに基づいてなされるとき、それはキリストによる和解を覚えつつ遂行できる終末論的な祭司的行為なのである(同書、六九頁)。

人は健康でありたいが、健康であるとは人間であることへの力である。病気は死の前形式ならびに先駆者である故に、死と共に神の創造に対する反乱であり、神の創造を脅かす力の一つであり、神によって意志されないもの、罪と同様である(同書、九一頁)。しかし人が脅かしの結果を身に招きたくないなら、かれにとって神への「何故そうなのか」とか「おかしいではないか」といった問い返しをしない服従が、かれにはふさわしい唯一のことである（同書九三頁）。神が左手にある国全体に対して常に意志され、イエス・キリストにあってすでに完結的な仕方でなし給うたこと（十字架の裁き）を意思し、アーメンと言うべきである（同書、九三頁）。

しかし、人が健康を望み、人間として生きることを求めないとしたら、またこれらの病と死が神のものでないなら、一切は無益である（同書、九五頁）。だからそこでは神への信仰と祈りが不可欠条件である。自分の無力、限定が、また建設と並んで破壊が、展開と並んで妨害が、生の現実となる体験それ自体であり、（神への）反抗、抗議の対象とはなりえない。神は死の領域においても主であり給う。人は被貸与者にすぎない。それ故、その貸与物を用いた後に神にお返しし、裁きの中においても慈悲の神であり給う方を、その方の約束を認識し把握することが問題なのであり、大切なのである。それ故、生の終わりを最後的には苦しみではなく、むしろただ喜びでありうること、したがって耐えられることが許されるであろう（同書、一〇三―一〇七頁）。

バルトは生きる喜びを強調する。喜びは大切である。喜びに心を閉ざそうとする人は神の戒めに、神の語りかけに服従する人間ではない。そしてこの喜びは終末論的性格を持っている（同書、一〇八―一一三頁）と。しかも喜びは、人間が向かい合って生きる存在であるごとく、社会的事柄でもあるので、自分だけでなく他の人を喜ばせることである。

生の楽しみは光であるが、苦しみも同じ神から来る影の面である。神は昼の局面と共に夜の局面をも与え給う。したがって両方とも同一で、いずれかが劣るというものではない。両方とも必要なのである。すなわち世界は十字架の影（裁き）の下に立っている。それは同時に十字架の光であり希望である。われわれが喜ぶもろもろの小さな成就はあの偉大なる成就の光の被放射体でしかないのである。われわれは神の否のもとで隠されつつ実現された偉大なる然りの中で終末の完成を待っているのである。

繰り返し語ったように、神は具体的な主体である私に語りかけられる。これは基本的なことであるが、この語りかけられる私というものを法則にまで高めて肯定することは禁じられている。肯定されたのは一人ひとりの人間が生きることである。ここでバルトはブルトマンはじめ多くの神学者を批判している。人間が生きることを肯定することは、神への服従の行為なのである（同書、一三二―一三四頁）。

3　生きることへの様々の問題

人間的な生きることは相対的なもの、限界づけられた価値であるから、生きるということが守られるためには、その最後の手段として生きることを放棄し、捧げ、捨てるということがありうるのである。

4　自殺について

時と場合によって、人間は自分を死なせる、あるいは殺させることが許されるし、またそうしなければならない。自殺は、自分で権利と自由を手に入れようとする最後の、最も過激な手段なのである（同書、一六五―一六七頁）。もともと自殺は罪である。かれの生きることをかれから取り去るのは、ただ生を与えた方（神）のなすべきことである。人間は自分自身の裁き人、審判者となる権限を与えられていない。かれが生きることは神から与えられ、したがって神への奉仕のために用いられるべきである。人間の自己義認、自己聖化、自己救助、自己栄化はいかなる形であれ決して成功しない（同書、一六九―一七〇頁）。

神は己の義に従って裁き給う。だから福音によれば、「汝は生きなければならない（律法）ではなく、生きることが許されている」のである（同書、一七四―一七五頁）。バルトの「許されている」は根源的な重みを持っている。したがって人は生きることに対して絶望することはできないとバルトは断言する。そこで場合によっては、絶望してではなく、殺害でもなく、自分を殺すことが、信仰の中で、したがって神との平和のうちになされうる。神はイエス・キリストにあって罪深い、戒めを破る人間のために味方となって立ち給う。そのように真剣に神の怒りを聴く者だけが神の否を真剣に聴くのである。

5　妊娠中絶と安楽死

以上のことは妊娠中絶に関しても言われねばならない。妊娠中絶はそれしか手段がない時にのみ認められる（同書、一九二―二〇六頁）。

しかし安楽死について、バルトはかなり厳しい見方をしている。判断の違いが生ずるのは、バルトが決して主観でなく、あくまで神の人への契約とその成就としての福音そのものから見ているからである。バルトによると、安楽死には、人間の願望から事柄を見ようとする傾向に基づいて判断する危険がある（同書、二一二―二一七頁）。

6　死刑と戦争について

戦争など、他人の殺害を委託される殺人行為は生命を奪う事柄であるため、人に許されるには、ギリギリの限界に位置する。神はイエス・キリストの十字架において人の罪への徹底的な裁きを遂行され、それによって決定的な然りを言い給い、生きるということを成就されたのである。それ故、相手に償わせる、また自ら相手に償うという、罪の償いの死という考えの根拠はなくなっている。だから戦争も死刑も神によって人間から要求される償いの形としてはもはや意味をもたない。もちろんバルトは、死刑は人間が自ら反省し、よくなっていく可能性を奪うという、最近の西欧の考え方に立っているが、それだけでなく、死刑反対の根本は福音そのものに根ざしている（同書、二三五―二四九頁）。バルトは、人の生を否定しない刑罰（おそらく終身刑）が神の正しい裁きの人間的な模写であることができる、と見ている。

戦争について、バルトは、戦争の動機として力を発揮し働いている要因は、人間が実際に生きるために必要だということよりも、むしろ人間の経済的力であると見ている。極めて深い洞察である。バルトは、人間がこの力を所有しているのでなく、むしろこの力の方が人間を所有している。したがってこの力が平時から人間の意志の最も深い根底であると断言する（同書、二六六―二六七頁）。だからキリスト者は簡単に戦争談義にとびついてはならない。最も暗い最後の瞬間においてだけ手を伸ばしなさいと、バルトは私たちに忠告している。国家の本質は権力の行使ではなく、生きることに奉仕し、戦争を遠ざける仕方で平和を造り出していくことであるという。しかしバルトは絶対的平和主義者では決してない。むしろ現実主義者である（同書、二七六―二八八頁）。

7　神を証しする生

神の行為への対応としての人間の神への服従としての働きは、人間の生の聖化を意味する。それは決して人間的生の神化ではない。この聖化の根源は神であって決して人ではない。そしてこの聖化は奉仕概念に総括されるという（同書、三一二―三一三頁）。では奉仕は何であるのか。この、神への奉仕とは神への証しである。人間はイエス・キリストの生き方に従ってかれの証人となり、かくして神の意志と業の証人となる。かれはそのことによって、神の意志に服従し、それによって神の御業が、神の義が成し遂げられることを証しする。もちろんのこと、福音伝道も証しである。バルトにとっては神からの要求はただ証人となることであり、それ以上ではない（同書、三二四―三二八頁）。キリスト者による証人としての己が業の評価は神から要求されていない。その業が成功であるか失敗であるかという評価、つまり裁きは神の業であって人の業ではない。証しの対象である神は、イエス・キリストの父なる神、いやキリストにおいて自らを示した三位一体の神であって、神一般とか超越者といったものではない。そのような抽象的な神を聖書は全く知らない。一切はこの神の御業であり、その証しは、神の恵みの奇跡なのである（同書、三二八―三二九頁）。

それ故、決してあってはならぬことは、教会の中で神的なものがキリスト教的人間によって所有されることである。そのような企ては断乎として断念しなければならない。そこから分裂と異端が出て来る。教会には一人の主と一つの霊だけが必要である。それは決してキリスト者の所有とならない（同書、三五二頁）。主の霊と信仰は神から絶えず与えられるべきもので、決して信仰者の所有とはならない。人はただ絶えず「それを与え給え」と祈り、そして与えられることへの感謝に生きるべきである。それ故、証しは神の恵みの奇跡である。私たちの仕事への召命とは摂理（創造者による）が遂行されるための人間の側の対応であり、決して仕事は仕事それ自身のためになされるものではない。もし仕事がそれ自身の故になされるとしたら、その時、それは神でなく、人間が人間自身にとって目標及び目的であることになる。人はそのとき自分自身が文明の業を遂行していくためにだけ存在していることになる。そのとき人間の文明は、それ自身の法則、それ自身の威厳、それ自身の生命をもった独立した世界だという誤った考えに陥る。

文明は被造物的な性格を持つことができるだけで、神的な性格を持つことができない。人が文明に参画するということは神の業に参与することとは何の関わりも持たない（同書、三九四—四〇五頁）。それ故、人は、尊敬されるべき働きに携わる人が、文明の中では表向きでは影の側にすぎないと思われている事柄に関わることがあるし、逆に最も卑しい働き手としてしか見られない人が、文化における光の側に関わるということもあるのである（同書、四二一頁）。

人の仕事の目的は仕事自身でなく休息である。神の安息に与ること（礼拝）である。だから安息日は重要なのである（同書、四八七頁）。

四　召命（ベルーフ）と召し（ベルーフング）

1　召命と召し

召し（ベルーフング）は創造者及び主としての神によってかれの上に定められた限界（召命・ベルーフ）の内部にあるが、以前あったことに対して一つの新しいことが起こるということである。人は選ばれるのである。召命と召しは区別されねばならない。召命はいわばすべての人にとってかれのこれまであるものの総内容と言うべきである。

召しに対しては、人の決断が求められる。青年には少ない過去しかなく、召しは強度のチャンスとして青年を捉えやすい。壮年は既にいろいろな経験を背後に持ち、決断について円熟している。しかし老人になるとこれまでのようにこの経験に捕われがちで、決断は困難になる。これまで通り生きようとするからである。そして人は相対主義的になる危険がある。それは第一に垂直の次元、神との向かい合いを、それから自分自身への向かい合いを、さらに水平の隣人への向かい合いを自分の視野から見失う危険である（創造論Ⅳ／

4、七〇―一一五頁)。

人はかれに対する外的な限界を決して悪い運命信仰にしてはならない。社会的環境を絶対視するのは間違いである(同書、一一八頁)。神の前にあるがままの人間がその本来的な意味、その真《まこと》の性格、その実存の意味深さを与えるのであって、神がかれの審判者である。神の義が自《みずか》らその進路を進むだろう。神に聞き従うかれの決断は神の意志と計画を実行に移すであろう。かれの意志の中で、意志の上で、神ご自身のよき意志が起こったのである。運命論は間違っている(同書、一二七―一四五頁)。言い換えれば、神の召命(ベルーフ)と召し(ベルーフング)は最も直接的な関係に置かれている(同書、一四五頁)。摂理(創造)の背後には救済(契約の完成)が立っている。

2 最高の栄誉である召し(ベルーフング)

人が神ご自身へ召されること(ベルーフング)は、人に対する高い(最高の)栄誉である(同書、一七四頁)。神の召しは人間にとって高い栄誉であるが、それが与えられた自由である。召しという高い栄誉とは神の意志し給うことを意志し、神の決断の行為を後から遂行することであり、まさにこのことが問題である(同書、一七五頁)。しかしここでは聴き従わねばならないというのでなく、聴き従うことを許されるのである（同書、一七七頁）。交わりとしての神の似姿においては、人は神なしにありうる。いや神を忘れ捨てることができる。しかし神は人なしではあり給わない。交わりを捨て給わない（同書、一八二頁）。人はかれの栄誉を、神によって神への証人として用いさせていただく間に持つことができるだけである。それを知ることも神の憐れみである（同書、二〇二頁）。人間とは神の霊による魂と肉体であるが、この栄誉においては人間自身が、人間の魂がそれを受ける。人間の魂は自分自身から、自分自身を通してあるのでなく、むしろ霊を通して、神の活ける息を通して、つまり聖霊を通して、である。

そこでバルトは非常に重要な且つ極めて興味深いことを言っている。すなわち、人間は全く感謝の中でだけ、最も深い、それにふさわしい謙遜の中でだけ、そして自由なユーモアの中でだけ栄誉にふさわしく栄誉を持つことができる、と（同書、二〇七頁）。「謙遜」とは、自分は罪の塊であり、神の愛による自己犠牲を通して、神に代わって自分が自分と他者を裁きうるとする罪の根源とそれから出る諸々の罪咎《つみとが》から赦され救い出され、解放されたものに過ぎないという認識である。神は人が人の近くにいるよりも、人の近くにい給う。それなのに人は神の義に対して自己の正義を立てる。人が自己の審判者となろうとすること、これが罪なのである（和解論Ⅰ／2、一一五頁）。これが大文字単数の罪（Sin）、罪の根であり、様々の罪咎（sins）から区別される。自分の罪と神の恵みを知る人間は、その感謝を奉仕（神への証しと神の計画とその御業の遂行）の中で実現することができるだけである。

ここで特に第三のユーモアは興味深い。バルトはこのユーモアの実例として創世記で神がアブラハムとサラにアブラハムが九十九歳、サラが八十九歳であるのに男の子を与えると約束されたときサラは笑う。この笑いは、バルトによるとサラの笑い、そしておそらくはアブラハム自身の笑いは決して神への不信や約束の否認でなく、そのような約束が自分たちのような虚しい存在には、それは余りに善すぎるというユーモアの思いであり、笑いはその表現であるというのである（創造論Ⅳ／4、二一〇頁）。驚くべき洞察ではないか。それに、信仰者のみが正しいユーモアを持ちうるとは何と驚くべき信仰の局面であろうか。

神は自らの栄誉を決して自分一人で持とうとされず、そのような被造物を自分と並んで持とうとされる。では、人にふさわしくないこのような栄誉を守っていく人間の側のありようとはどのようなものであろうか。バルトは言う。それは最も深い気にしない無頓着さの中でだけ企てられうると。しかもこの栄誉は神以外の何ものによっても攻撃されることはできないというのである。かれの名はそれを書き入れ給うた方、すなわち神以外は、何人も消し去ることができない（同書、一二三七―一二三八頁）。深い慰めではないか。

あとがき

齢九十二に達してやっと本書を書くことが出来た。バルト神学は教会生活、社会倫理にどのようなかかわりがあるのですかとの、もっともな疑問を懐く信徒たち、教師たち、一般読者に向けて、私はバルト神学の中心と倫理観を紹介しつつ、その今日的な意味を平易な表現で、しかし確信をもって伝達するように心掛けた。

今、私は今日までの長い期間、学的に、あるいは現実の信仰生活を通して、最後まで私を励まし続けて下さった方々への感謝に満たされている。とくに私は、率直な意見を語って下さる長年の友人、並木浩一兄と沖縄那覇ナザレン教会の齋藤清次牧師に深い感謝を献げたい。

本書の出版については、出版界の厳しいこの時期に敢えて出版を決意して下さった教文館の渡部満社長に、原稿入力などの仕事にご尽力下さった出雲ナザレン教会の永野健一牧師に、そして編集者として丁寧な仕事をされた教文館出版部の髙橋真人氏に心から感謝し、お礼を申し上げたい。

本書を私は、長年のわがままを辛抱し、そして支えて下さったわが妻、悦子に、また三人の娘に捧げたい。

二〇一五年一月一七日

喜田川　信

《著者紹介》

喜田川信（きたがわ・しん）

慶應義塾大学文学部哲学科を経て、同志社大学神学部を卒業後、北米パサデナ大学入学、フラー神学校に留学。1967-68年ドイツ・チュービンゲン大学に留学。日本ナザレン神学校教授を経て、現在、東京ミッション研究所研究理事、学校法人霞ヶ丘学園霞ヶ丘幼稚園理事長、横浜ナザレン教会牧師。

著書　『説教による旧約思想入門』『地上を歩く神——ヨハネ福音書の思想と信仰』『新しい共同体と日本』『現代ヨーロッパ神学の根本問題』『救済の歴史としての福音——ルカ福音書・使徒言行録講解説教』（以上教文館）、『キェルケゴールと現代の神学』『希望の神——ローマ書による』『神の国は近づいた』『身体性と神学』『福音の土台——コリント人への手紙による説教』『神・キリスト・悪——現代キリスト教思想の問題点』（以上新教出版社）、『歴史化の神学』『アダムとわれら——創世記講解』『歴史を導く神——バルトとモルトマン』（以上ヨルダン社）他。

訳書　ボルンカム／モルトマン他『現代に生きる使徒信条』、モルトマン『神学の展望』（共訳）『存在の喜びの神学』『十字架につけられた神』（共訳）『聖霊の力における教会』（共訳）（以上新教出版社）、J. バー『ファンダメンタリズム——その聖書解釈と教理』（共訳）（ヨルダン社）他。

バルト神学の真髄

2015年2月20日　初版発行

著　者　喜田川信
発行者　渡部　満
発行所　株式会社　教文館
〒104-0061　東京都中央区銀座4-5-1
電話 03(3561)5549　FAX 03(5250)5107
URL http://www.kyobunkwan.co.jp/publishing/
印刷所　株式会社　平河工業社

配給元　日キ販　〒162-0814　東京都新宿区新小川町9-1
電話 03(3260)5670　FAX 03(3260)5637

ISBN 978-4-7642-6990-3　Printed in Japan